Dr. Steven Estrine y Judith Estrine

Vivir a pleno
después de los cuarenta

Grupo Editorial Lumen
Buenos Aires - México

Título original:
Midlife. A Manual.
© Element Books, Gran Bretaña/EE. UU., 1999

Edición: Silvia Tombesi
Diseño de cubierta: Gustavo Macri

Estrine, Judith
    Vivir a pleno después de los cuarenta / Judith Estrine y Steven Estrine -
1.ª ed. - Buenos Aires : Lumen, 2006.
    192 p. ; 22x15 cm.

    Traducido por: María Anabel Cañón

    ISBN 987-00-0584-5   1.ª reimpresión

    1. Superación Personal. I. Estrine, Steven II. Cañón, Anabel, trad. III. Título
    CDD 158.1

© Editorial Distribuidora Lumen SRL, 2006

Grupo Editorial Lumen
Viamonte 1674, (C1055ABF) Buenos Aires, República Argentina
☎ 4373-1414 (líneas rotativas) • Fax (54-11) 4375-0453
E-mail: editorial@lumen.com.ar
http://www.lumen.com.ar

Se terminó de imprimir en el mes de junio de 2006 en el Establecimiento Gráfico **LIBRIS S. R. L.**
MENDOZA 1523 • (B1824FJI) LANÚS OESTE • BUENOS AIRES • REPÚBLICA ARGENTINA

En memoria de Frank y Adele Estrine,
y de Jacob y Molly Menschenfreund.

Agradecimientos

Estamos muy agradecidos a nuestros amigos y nuestras familias, que soportaron entrevistas telefónicas bien entrada la noche e intromisiones en sus vidas privadas con paciencia y buen humor. Creemos haber incluido el testimonio de todos los que participaron; pero, si hemos omitido alguno, tengan la seguridad de que no fue con intención.

Por permitirnos contar sus historias, queremos dar las gracias a:

Gail Albert, Shelley Ballad, Shellie Berman, Joan Brady, John Brady, Linda Brady, Mark Chimsky, Delores Etrog, Carole Gordon, Donna Greenberg, Colga Hylton, Marilyn Kamile, Nancy Kelton, Gabe Koz, Nancy Lindenauer, Robert Lustig, Rita Moran, Nora O'Brien, Lorraine O'Brien, Aviva Rice, Israel Rice, Sharon Rosenberg, Steve Silverstein, Carol Stamaty.

También queremos agradecer a la plantilla de Element: a Roberta Scimone, por alentarnos desde el comienzo; a Darren Kelly, por sus consejos eficientes y sensatos; y a Greg Brandenburgh, por su acertado criterio editorial.

Nuestro agradecimiento a Lenny Emmerman, Donna Greenberg, Rita Moran, Alan Siegel y Laura Wood, por la cuidadosa lectura del primer borrador y por sus agudos comentarios y sus sugerencias; a Linda Leccese, por transcribir una montaña de cintas con exactitud y velocidad; a Naomi Zimmelman, por hacer que se nos vea bien en la fotografía; a Jeff y Nancy Lindenauer, por apadrinar el proyecto; a Robert Castillo, por el apoyo técnico; a Aura Akhlaghi, por organizar el caos; y a Yippy y Tiger, por su tranquila compañía.

Les agradecemos a nuestras hermanas, Charlotte Weinberger y Gail Menschenfreund, por su cariño, su apoyo y sus maravillosas historias.

Finalmente, nuestro más profundo agradecimiento a Amanda, que hace posibles todas las cosas.

Cómo utilizar este libro

Vivir a pleno después de los cuarenta es una guía práctica que pretende ayudar a enfrentarse con algunos de los principales desafíos que se experimentan a medida que envejecemos. Describe una variedad de temas, ofrece perspectivas y sugerencias acerca de cómo tratarlos, y presenta las historias y las observaciones de una gran variedad de personas en esa fase de su vida que han pasado por circunstancias similares. Usted descubrirá que existe más de una manera de resolver algunos de los asuntos más complicados con los que deba enfrentarse. Este libro lo ayudará a encontrar sus propias respuestas.

Aunque es posible que se sienta identificado con algunas de las personas que cuentan sus historias (y que quizás le desagraden otras), no olvide que usted es el verdadero héroe o la verdadera heroína de este libro. Es usted el protagonista de cada capítulo y quien se encuentra en el centro de cada uno de los desafíos.

Si es usted como la mayoría de las personas, seguramente no se concede mucho crédito como ser humano maduro ni cree saber todo lo que en realidad sabe. Por eso incluimos tests de autoevaluación. Las preguntas están diseñadas para examinar su vida y a usted mismo bajo una nueva luz. Son herramientas para ayudarlo a comprender quién es usted a estas alturas de su vida, comparado con la persona que era diez años atrás. También pueden ayudarlo a decidir qué camino le gustaría seguir durante la siguiente etapa del viaje de su vida.

Introducción

En la actualidad, los que atravesamos la mitad de nuestras vidas rompemos todas las reglas. Estamos más saludables y tenemos una expectativa de vida más larga que nunca en la historia del mundo. A fines del siglo XIX, la gente esperaba vivir unos cuarenta y dos años. Hoy en día, podemos esperar razonablemente llegar a los setenta y seis.

Los que hoy atravesamos la madurez nacimos aproximadamente entre 1946 y 1965, es decir, somos la famosa generación de la explosión demográfica. Pero sea cual fuere nuestra edad cronológica, la mediana edad es aquello que nos sucede cuando finalmente crecemos. Se trata de una transición de vida que resulta tan confusa como la adolescencia e igual de estimulante.

En la mitad de la vida, disfrutamos de la plenitud de nuestros poderes. Somos padres y madres responsables; somos hijos cumplidores con nuestros padres; somos pilares de la comunidad. En resumen, somos los dueños de nuestra vida. Pero cuando comenzamos a preguntarnos *"¿Esto es todo?"*, el suelo comienza a temblar bajo nuestros pies. Físicamente, nuestros cuerpos comienzan a dar muestras de cansancio. A menudo sentimos que nos encontramos en una montaña rusa emocional. Nuestros padres envejecen y, de pronto, somos responsables de la vida de las personas que siempre nos han cuidado. Nuestros hijos se marchan de casa, nuestros trabajos cambian y la jubilación se avista en el horizonte.

Vivir a pleno después de los cuarenta es una guía para todos los que nos sentimos confundidos, e incluso con pánico, por el giro que ha dado nuestra vida. Está basado en experiencias de primera mano y representa la sabiduría colectiva de muchas personas. Con una pequeña ayuda de amigos y expertos, hemos escrito acerca de siete de los principales temas con los que nos enfrentamos en esta etapa de nuestras vidas. Este libro pretende iluminar el viaje que nos conduce a través de un período frustrante de nuestra vida, a veces revelador, pero nunca aburrido. Nos encontramos en la mitad de nuestras vidas y aún queda mucho, mucho más por vivir.

Capítulo 1

El nido vacío

PARA REFLEXIONAR

El hogar es el lugar donde tienen que aceptarnos cuando debemos ir allí.

Robert Frost, *The death of the hired man*
(La muerte del hombre contratado)

Aturdimiento universitario

Cuando llegó el momento de que nuestra hija comenzara la universidad, fuimos invitados a un cóctel para los padres de los nuevos universitarios que vivían en la zona. Los anfitriones parecían llegados de Gran Bretaña: muy elegantes, muy ricos y muy intimidantes para un par de muchachos de Brooklyn como nosotros.

Los invitados comimos, bebimos y nos sentimos felices porque los meses de ansiedad por las aceptaciones de la universidad finalmente habían terminado. Los padres compartimos experiencias en común acerca de la vida en las trincheras: cursos intensivos de ingreso, rechazos de las universidades deseadas e interminables excursiones por los campus universitarios. Nos reímos de las variantes sobre la situación de El Desastre del Traje para la Gran Entrevista ("¿Qué *quieres decir* con eso de que está en la tintorería? Tengo una entrevista dentro de dos horas. *Hola*") y nos autocompadecimos por la locura adolescente y agotadora a la cual habíamos logrado manejar para sobrevivir más o menos indemnes.

Luego, alguien mencionó lo que no queríamos mencionar. ¿Qué pasaría con el nido vacío? Nuestros hijos nos habían vuelto locos. ¿Qué haríamos sin ellos?

Hartos como estábamos de lidiar con ansiedades de los diecisiete años, aburridos después de tanto escuchar interminables letanías universitarias y preocupados como nos sentíamos la mayoría por el costo de la educación superior, ninguno de nosotros quería pensar en el precio emocional que deberíamos pagar cuando dijéramos adiós.

Lo que hasta hacía un momento había sido una charla de camaradería, se convirtió en un nostálgico silencio. Entonces habló nuestro elegante anfitrión.

"¿Quieren saber qué es lo mejor de que nuestros hijos vayan a la Universidad? Se los diré. Millie y yo podremos, finalmente, deambular por la casa desnudos; es algo que no hacemos desde 1972."

Uno no podía dejar de imaginarse cómo se verían Frederick y Millicent tal como Dios los trajo al mundo. Fred y Millie, con cincuenta y tantos años, desnudos en la biblioteca, en el recibidor, en el estudio. Helaba la mente. La gente sonrió. Algunos rieron por lo bajo. Quizás podríamos sobrevivir en el nido vacío, después de todo.

Estos sentimentales autores algunas veces se vuelven nostálgicos. Recordamos los viejos tiempos, cuando saltábamos de la cama en gélidas mañanas de sábado para llevar a la pequeña Emma a sus juegos de pelota. La verdad es que resulta encantador revivir dulces recuerdos mientras nos acurrucamos bajo el edredón de plumas de ganso una nevosa mañana de sábado.

Hemos observado que la mayoría de los padres sólo necesitan un nanosegundo para acostumbrarse a la realidad de que sus hijos vayan a la universidad. Cuando la conmoción desaparece, tiene lugar la toma de conciencia: soy libre. Ya no soy responsable por el cuidado diario y la alimentación de un adolescente insaciable, y no tengo que vigilar los horarios de llegada a casa. Es estimulante.

Mi hija se fue a la universidad, y el perro murió. Por primera vez en mi vida, no tenía nadie a quien cuidar.

(Patty, cuarenta y siete años)

La universidad es como una colonia de verano, sólo que dura más tiempo. Pregúntenle a cualquier padre de un estudiante universitario: están en casa más tiempo del que pasan en el campus. Como las golondrinas retornan a Capistrano, los jóvenes universitarios regresarán a menudo al nido, cargados con sacos de ropa sucia y los números telefónicos de amigos de lugares lejanos. No se sorprendan si la cuenta de teléfono comienza a parecerse a la deuda nacional.

El de la universidad es un período de entrenamiento para todos. Los jóvenes experimentan los placeres de la independencia controlada, y sus padres, los olvidados gozos de la libertad anterior a la llegada de los hijos. Es como tomarse un año sabático.

PARA REFLEXIONAR

El arte de la sabiduría consiste en el arte de saber qué pasar por alto.

William James, *The Principles of Psychology*
(Principios de la psicología)

Cuando los hijos se van de casa, uno puede:

1. Salir de vacaciones en período escolar.
2. Hacer el amor por la mañana.
3. Caminar desnudo por la casa.
4. Mirar películas eróticas con las puertas abiertas.
5. Escuchar la música que nos gusta.
6. Entrar al cuarto de baño.
7. Hablar por teléfono durante mucho tiempo.
8. Tener tiempo para leer.
9. Descubrir en qué pensaba nuestra pareja.
10. Salir a almorzar un miércoles.
11. Ser egoísta sin sentir culpa.
12. Valorar realmente a nuestro hijo ausente. Regodearnos con la certeza de que él está, en secreto, comenzando a valorarnos de una nueva manera.
13.
14.
15.

(Emplee los últimos tres espacios para completar su propia lista.)

Dejar marchar es difícil

Algunas familias afortunadas transitan graciosamente la vida posuniversitaria. Los hijos se casan y crean nuevos nidos, o consiguen trabajos y establecen sus propios centros de gravedad. Mamá y papá renuevan su relación y descubren la alegría de una habitación adicional. Todos siguen adelante con sus vidas.

Pero, lamentablemente, la vida no suele ser tan sencilla, y la transición resulta muy dura para muchas familias. Parafraseando a Tolstoi, cada familia lucha a su manera.

Esto es lo que dice Michele acerca de dejar marchar a su hijo:

Mi hijo mayor aún está luchando por encontrarse a sí mismo. No lo admitiría, pero depende económicamente de nosotros. Se mudó a California para alejarse, pero aún le enviamos dinero. Tiene casi veintisiete años, pero en muchos aspectos parece como si todavía estuviera en la universidad. La transición resulta difícil. Tendemos a darle consejos que no nos ha pedido. Las dos cosas que podemos darle son consejos y dinero. Es una espada de doble filo porque, al poder darle dinero, también podemos controlarlo. Si no tuviera que recurrir a nosotros para pedirnos dinero, probablemente no lo veríamos mucho, aunque siempre nos cuenta cuando las cosas le van mal. Cuando las cosas están bien, nos enteramos más tarde.

Hace poco, su novia vino a la ciudad en viaje de negocios y fuimos a cenar con ella. Mencionó por casualidad qué feliz está nuestro hijo con su trabajo, qué apartamento tan hermoso tienen y qué bien parece que le van las cosas. Me di cuenta de que era algo que nunca me contaría. Sólo me cuenta lo negro y lo negativo.

Es fácil caer en el papel de un administrador de conflictos. Lo que solía ser funcional (el papel de cuidador, padre, alimentador) puede volverse disfuncional cuando impide que nuestro hijo no se haga responsable de su vida.

Éste es el escenario: su hijo crea una crisis, y usted la resuelve, generalmente con una inyección de dinero. Los padres que se encuentran atrapados en esta situación de desorientación no creen tener otro papel que desempeñar que el de banquero. Como dice Michele: *Si no tuviera que venir a nosotros para pedirnos dinero, probablemente no lo veríamos mucho.* En realidad, su hijo necesita su ayuda para subir al siguiente peldaño de la escalera de la vida: la adultez.

Para reflexionar

Supongo que debe servirse a la juventud, pero ya estoy asqueado y harto de servirla.

Somerset Maugham, *De la servidumbre humana.*

Puede ser que tanto usted como su hijo adulto sean ambivalentes. Su hijo quiere convertirse en un adulto independiente, mientras que al mismo tiempo desea que lo cuiden. Y usted se siente reacio a abandonar su función de cuidador, pero al mismo tiempo, probablemente, le molesta la responsabilidad de cuidar de esta persona capaz de hacerlo por sí misma. En el caso de Michele, el dinero que debería utilizarse para financiar la jubilación se destina en cambio a su hijo.

Ray nos dijo que él y su esposa se han obligado a salir de casa los domingos. Estaban acostumbrados a esperar el *ocasional* llamado de su hija, que se había mudado a Italia. Cada domingo se sentían divididos entre el amor por su hija y el enfado, porque eso los "forzaba" a renunciar a sus placeres del domingo.

Éstas son las reflexiones de una madre acerca de la dolorosa transición que estaba sufriendo con sus hijos adultos.

Es como aprender un nuevo idioma. Uno debe aprender a tratarlos de una manera diferente. Algunas veces siento que estoy caminando sobre arenas movedizas y debo contar hasta diez. ¿Qué es lo que quiero? Me gustaría más poder hablar con mis hijos de adulto a adulto que como de madre a hijo. Lo intentamos, pero pronto volvemos a las viejas costumbres. Mi vida está en el limbo, porque aún no le he dado fin a la vida que llevo ahora. Parte de eso concierne a la conclusión de la maternidad. Me sentiría más cómoda si pudiera seguir adelante con mi vida sin sentir que soy necesaria como madre de la misma manera.

(Patty, cuarenta y siete años)

Es difícil cambiar de marcha. Uno ha sido responsable durante mucho tiempo, y ahora es momento de dejarlos ir. Puede ser complicado. Deseamos ayudar a nuestros hijos a independizarse, pero al mismo tiempo no queremos enviar señales que digan que ya no estamos disponibles.

¿Cómo se cambian las reglas?

Comenzar un nuevo ritual

Algunos ritos familiares son maravillosos: evitan que las familias se dispersen en cientos de direcciones cuando las cosas van mal. Otros rituales agobian a todo el mundo: son las cosas que hacemos porque las hemos hecho durante años, y que a nadie le gusta realmente hacer; pero..., bueno, las hemos realizado durante tanto tiempo... ¡qué diablos! para qué cambiarlas.

PARA REFLEXIONAR

Un hábito vence a otro.

Thomas Kempis, *Imitación de Cristo*

Piense en un ritual que le encantaría eliminar de su vida. Quizás esté cansado de preparar la cena del domingo para todo el mundo. Cuando los niños eran pequeños, constituía un evento semanal importante que mantenía unida a la familia. Ahora es una molestia, pero tiene miedo de no volver a verlos si deja de hacerlo. ¿No podría reemplazar este ritual con otra actividad que hiciera que las reuniones sean más divertidas?

Por ejemplo, en lugar de recibir semanalmente a todos para comer, ¿por qué no cenar afuera? Pueden invitar una semana cada uno. Si las finanzas de sus hijos no permiten acudir a restaurantes elegantes, puede sugerir una cafetería o una casa de comidas rápidas. O puede crearse el ritual de que sus hijos se encarguen de la propina; o pueden pagar a medias.

No se trata solamente de una comida. Se trata de cambiar las percepciones de usted como figura paternal (redoble de tambores, sonido de trompetas) y de sus hijos como eternos bebés (llanto infantil), incapaces de cuidarse a sí mismos. Se trata de crear un ambiente donde relacionarse de manera nueva. Se trata de abandonar un comportamiento que no sirve para nada, excepto para perpetuar el mismo antiguo ritual.

Invirtiendo los papeles

Pida consejo a sus hijos y escúchelos con atención. Es posible que descubra con alivio que no es necesario tener la razón todo el tiempo y, además, dos cabezas piensan *realmente* mejor que una.

Puede reconocerles a sus hijos que sus opiniones tienen valor debido a las experiencias de vida que han adquirido. De esta manera estará ratificando su nuevo papel como adultos. Les dejará saber que son capaces de dar buenos consejos y que usted es capaz de aceptarlos. Les estará comunicando que usted ya no es el padre omnipotente.

PARA REFLEXIONAR

Toma nota del consejo de alguien que te quiere, aunque en un primer momento no te guste.

Proverbio inglés

Aprendiendo a divertirse

Vayan juntos al cine o a un espectáculo deportivo. No importa lo que sea, siempre que establezca una nueva manera de compartir experiencias.

Mi hija se encuentra en etapa de transición entre la universidad y la búsqueda de un trabajo. Es un momento complicado en su vida, y resulta difícil llevarse bien con ella. Tiene mucho empuje, sabe adónde va y es muy responsable. Pero yo llevo el peso de todo lo que realmente le pasa. No podemos hablar mucho porque siempre se enfada por lo que le digo. Pero, en ciertas cosas, todavía me necesita. He descubierto que las películas son perfectas: en la oscuridad de un cine podemos escuchar los problemas de los demás. Algunas veces lo comentamos al salir, y otras no. Trato de comprenderla. Sé que lucha para ser auténtica, para diferenciarse de nosotros y, al mismo tiempo, aceptarnos y aceptarse. Pero a menudo me siento como un carcelero atrapado con un prisionero hostil.

(Esther, cuarenta y cuatro años)

Cuándo "vaciar" el nido

¿Acaso no deberíamos desear que nuestros críos regresaran a casa después de la universidad? ¿No deberíamos darles la bienvenida con los brazos abiertos? ¿Somos insensibles y evidentemente antinaturales por desear independizarnos de nuestra función paternal? ¿No deberíamos sentirnos halagados de que quieran permanecer con nosotros en lugar de buscar su libertad?

De los desafíos de criar un hijo, ayudarlo a lograr la independencia es tan importante como enseñarle a ir al baño. Todos sabemos que hay ciertas cosas que no pueden aprenderse de otros, como mantener un trabajo de 9 a 5 durante más de tres meses, cuidar una chequera, hervir un huevo, sobrevivir en una ciudad extraña. Piense en ello como en un entrenamiento básico. Existen muchas y muy buenas razones por las cuales debería ayudar a su hijo a que se independice. A veces, esas razones son imperiosas:

1. Cuando usted se siente como si se encontrara en el bando opuesto de una interminable guerra intergeneracional.

2. Cuando su hijo se siente demasiado asustado para dar el salto y usa su hogar para esconderse de la vida.

3. Cuando usted y su hijo adulto llevan estilos de vida que están en severo conflicto.

4. Cuando usted se siente como un intruso en su propia casa.

5. Cuando su hijo consume drogas y se niega a seguir un tratamiento.

6. Cuando la privacidad se convierte en un tema crítico.

El gran abandono

(... y después de todo lo que hemos hecho por ti)

Cuando los hijos dejan el hogar, esto puede provocar una crisis de identidad en sus padres. Cuando usted ya no es responsable de un hijo las veinticuatro horas del día, siete días a la semana, entonces ¿quién es?

No se sorprenda si se siente melancólico y solitario cuando su hijo se marche definitivamente. Es posible que se descubra entrando en el dormitorio vacío e incluso llorando. Muchos padres han terminado durmiendo en la cama de su hijo.

Y no espere que usted y su cónyuge tengan la misma reacción ante la partida de su hijo. Ser padre no significa lo mismo para todos. Además, es difícil dar apoyo cuando uno está dolido. ¿Qué puede usted hacer?

Permítase sentir la sensación de abandono. Aunque sigue siendo padre o madre, se trata del fin de una etapa de la vida a la que no se puede volver. Lo superará, pero es posible que le lleve algún tiempo.

Cuando Michael se fue de casa, no dormimos juntos durante dos semanas. Sam, mi esposo, dormía en la cama de nuestro hijo. Eso me sacaba de quicio. Coincidió con que

Sam tenía problemas en el trabajo. Me preguntaba si habría una conexión.

(Rachel, cincuenta y nueve años)

Cuando mi hija se fue de casa, comencé a preocuparme seriamente por el tiempo que me faltaba para poder jubilarme. Es curioso cómo empecé a fantasear con dejar de trabajar y, al mismo tiempo, a sentirme muy ansioso. Si ella hubiera seguido viviendo conmigo, apuesto a que ni se me hubiera ocurrido pensar en jubilarme ni en envejecer.

(Howie, cuarenta y siete años)

Cuando el nido queda vacío, uno puede sentir la tentación de realizar un gran cambio en su casa. Es posible que piense en convertir la habitación de su hijo en un estudio, una oficina o una habitación de invitados. Nuestro consejo es que deje las cosas como están durante uno o dos años. Al menos no se deshaga, ni venda, ni redecore nada que pertenezca a sus hijos sin pedirles permiso. A nuestros hijos crecidos les ayuda retornar a su viejo mundo, todavía intacto, mientras hacen la transición hacia su nueva vida. Recuerde: a pesar de las apariencias, es tan difícil para su hijo como lo es para usted.

Vivimos en un apartamento en Nueva York. No es un lugar lujoso ni mucho menos. Cada centímetro es valioso. Cada rincón contiene algo importante. De hecho, la habitación de nuestra hija era antes un pequeño comedor adyacente a la cocina. Se trata de un hueco pequeño y encantador que nos entusiasmaría convertir en parte de una cocina más grande. Cada vez que lo mencionamos, Emma tiene un arrebato. Aún no puede hacerse. Mientras tanto, seguimos coleccionando fotografías de la cocina de nuestros sueños. Quizás el próximo año.

Hijos bumerán

PARA REFLEXIONAR

Bendito era el amanecer para estar vivo,

¡Pero ser joven era el verdadero paraíso!

William Wordsworth, *La revolución francesa*

Todos recordamos con cariño los tiempos posteriores a la universidad: ladrillos y cartones, mantas con motivos indios en las ventanas, tofu revuelto y arroz integral para el desayuno. Nos mudamos de la casa de nuestros padres proclamando en voz alta nuestra independencia y nos instalamos en un ambiente donde no teníamos que vivir solos. En retrospectiva, las comunas y la vida en grupo que elegimos eran hogares a medias. Dividida entre varias personas, la renta resultaba más barata (y la comida, horrible), pero el lugar era nuestro. Y era divertido.

En la actualidad, la vida es más complicada. Mendigar no es divertido, y la gente de la calle ya no es romántica: son personas sin hogar y con una desesperada necesidad de ayuda. Los apartamentos son caros: cualquier espacio con cuatro paredes y un techo se vende como si fuera oro. La vida comunal está pasada de moda, y los antiguos y amplios apartamentos en los que solíamos colarnos en los viejos tiempos han sido convertidos en residencias de lujo o remodelados como estudios.

¿Por qué regresan al nido nuestros hijos? Lo hacen para ahorrar dinero, para asistir a la universidad o porque están pasando dificultades financieras. A veces, es porque simplemente no pueden pagar la renta y mucho menos comprarse su propia casa. Es posible también que regresen porque no están psicológicamente preparados para vivir separados de nosotros. A éstos, los sociólogos los llaman "hijos bumerán".

Los hijos que regresan a vivir con sus padres después de haberse mudado ya han probado lo que es la libertad. Son diferentes de aquellos jóvenes que no han hecho aún la transición a la independencia porque ya saben cómo es vivir lejos de la autoridad paterna. Su transición a la adultez ha quedado incompleta.

Mientras tanto, los padres de estos jóvenes se han acostumbrado a vivir sin ellos. Cuando los hijos se independizan, los padres suelen disfrutar de ingresos más acomodados y de un nivel de libertad personal que es difícil conseguir cuando se tiene hijos dependientes a cargo.

Los hijos bumerán pueden causar problemas. Los padres, a menudo, necesitan realizar sus propias transiciones en la vida para poder dar apoyo a sus hijos adultos, tanto financiero como económico.

Puede resultar difícil cambiar los viejos parámetros. Nuestro hijo puede ser ya un adulto. Pero, cuando regresa al nido, es fácil volver a caer en la antigua relación padre-hijo, por muy inapropiada que esa relación pueda haberse convertido. Se necesita mucho esfuerzo para cambiar las reglas y adoptar un nuevo orden de vida que tenga en cuenta las necesidades de cada uno de los adultos.

Algunas familias descubren que pueden acomodarse unos a otros de manera tal que todos salen beneficiados. Esos padres sienten que la amistad de su hijo y su compañía diaria compensan absolutamente los inconvenientes financieros y sociales que causan los jóvenes bumerán. Los hijos sienten que vivir en la casa de sus padres los ayuda a realizar importantes transiciones hacia la vida adulta, como alcanzar una meta profesional, volver a estudiar o ahorrar dinero para casarse. Esto no significa que sea un hecho que el joven no quiera crecer. Puede ser el signo de una relación de mayor cercanía. Después de todo, es poco probable que un hijo que no puede tolerar a sus padres regrese a vivir con ellos, salvo por una grave emergencia.

Irónicamente, es posible que seamos nosotros los que facilitamos que nuestros hijos regresen al nido. Los sociólogos informan lo que sospechábamos: la brecha generacional que existe entre nuestros hijos adultos y nosotros es menor que la que existía entre nosotros y nuestros padres.

Mi hijo mayor regresó a vivir a casa por casi un año y medio, mientras trataba de encaminar su carrera. Trabajaba en forma autónoma, así que no pagar renta representaba una gran diferencia.

Tenerlo de nuevo viviendo conmigo me produjo sentimientos encontrados. Principalmente, era maravilloso. El mayor inconveniente era que yo era una mujer soltera, e interfería con mis citas, ya que no podía invitar hombres a casa. Resultaba muy incómodo. El problema es que, en cierto sentido, fue muy fácil dejar de salir porque mi hijo era una compañía maravillosa. Hablamos sobre el tema y llegamos a la conclusión de que finalmente tendría que mudarse, en parte por ese motivo. Resultaba demasiado perfecto para los dos.

Mi hijo comenzó a tener sus citas, pero nunca hubo conflicto con que tuviera novia y viviera en casa. Eso nunca fue un problema. Tomamos la situación como si fuéramos compañeros de piso, porque ambos sentíamos que era la única manera de que aquello funcionase. Yo no volvía a casa para cocinarle, por ejemplo. Si uno de los dos se encargaba de la comida, cocinaba para los dos.

Y con esto no quiero decir que resultó fácil, ni que no volvía a casa a menudo, especialmente cuando estaba preocupada por él. Lo que quiero decir es que los dos hicimos un esfuerzo para tratarnos como adultos. Compartimos responsabilidades y restricciones. Ambos teníamos libertad para ir y venir a nuestro antojo, con la única condición de "Sólo déjame saber adónde vas, o si vas a estar fuera toda la noche", para no tener que preocuparnos ni llamar a la policía.

(Natalie, cuarenta y ocho años)

Muchos adultos jóvenes que eligen vivir con sus padres afirman que la experiencia conduce a una relación más madura entre ellos. En el mejor de los casos, tener a nuestro hijo en casa puede llenarla de espíritu juvenil. ¿Deberíamos aceptar que nuestro hijo vuelva a vivir con nosotros? Bueno, eso depende.

El siguiente test de autoevaluación puede ayudarlo a decidir si vivir en casa será beneficioso para su hijo y si usted disfrutará tal relación.

Test de autoevaluación

Estas preguntas requieren que mire en lo profundo de su corazón. Sea honesto. Si llega a la conclusión de que realmente puede vivir con su hijo, pídale que también él conteste el mismo cuestionario. No lean las respuestas del otro. No se trata de un ejercicio grupal. Está pensado solamente para ayudarlo a que, individualmente, descubra si vivir con su hijo es una elección acertada.

1) ¿Cómo se organizarán en el ámbito financiero?

   a) ¿Aportará su hijo dinero para los gastos generales?

   b) ¿Ayudará con los gastos superfluos?

   c) ¿Esperará que usted lo ayude económicamente? (¿Tiene empleo su hijo?)

2) ¿Qué clase de relación tiene con su hijo?

   a) ¿Se han visto mucho últimamente?

   b) ¿Suelen llevarse bien?

   c) ¿Se siente conforme con la manera en que maneja los conflictos entre ambos?

3) ¿Puede acomodarse su hogar para el regreso de su hijo?

   a) ¿Hay suficiente espacio en su casa para proporcionar la necesaria privacidad a cada uno de ustedes?

   b) ¿Tienen reglas básicas para temas tan conflictivos como sexo, alcohol, drogas, invitados a dormir, fiestas?

4) ¿Puede ver a su hijo como un adulto independiente? ¿O aún lo considera su niño pequeño?

5) ¿Trata a su hijo como a un adversario?

6) Imagine que está entrevistando a posibles compañeros de habitación, y uno de los candidatos es su hijo. ¿Qué pensaría de él?

7) ¿Puede hablar con él de sus preocupaciones?

8) Haga una lista con las tres cosas que no puede soportar en absoluto del comportamiento de su hijo. Sea honesto. Ahora pregúntese si puede vivir con alguien con esas características.

Cuando no se puede "vaciar" el nido

Algunas personas no pueden "vaciar" el nido porque sus hijos son evolutiva o emocionalmente incapaces de alcanzar la independencia.

Tenemos dos hijos adultos. Uno es abogado, está casado y tiene un hijo. El otro padece esquizofrenia paranoica. Vivía en su propio apartamento y sólo se quedaba con nosotros los fines de semana. Pero, poco a poco, el fin de semana se convirtió en cuatro días, y ahora vive aquí con nosotros todo el tiempo. Resulta muy cómodo para él y muy difícil para nosotros. No le gusta estar solo pero, por otra parte, tampoco quiere compartir el apartamento con otra persona.

Nos encantaría tener el nido vacío. Estamos cansados. Cansados de cuidar de otra persona. Estamos preparados para cuidarnos a nosotros mismos, pero sin que él entre en la ecuación. Eso cambia nuestra forma de vida. Estamos atados a nuestra casa más de lo que nos gustaría. Tenemos que preparar la comida. Y existe una carga adicional: la de un hijo que no ha crecido. Estamos comenzando a aceptar que, salvo que ocurra algo muy especial (como el descubrimiento de un medicamento que le haga efecto), ésta será nuestra vida por muchos, muchos años. Y eso hace que la situación sea aún más difícil. Nos estamos volviendo viejos. Nos gustaría viajar; siempre hemos querido hacerlo, pero ahora no podemos.

(Madeleine, cincuenta y ocho años;
Stuart, sesenta y dos años)

Si su hijo está emocionalmente incapacitado, no intente enfrentarlo solo. Las familias que pasan por esta situación tan difícil necesitan contactarse con organizaciones que dispongan de grupos de apoyo para padres. Resulta significativo que muchas de estas organizaciones también funcionen como defensoras de las personas con enfermedades mentales graves. Recaudan fondos tanto en el sector público como en el privado para poder costear tratamientos con nuevas técnicas.

Con el apoyo de estas agencias, los padres de personas con problemas emocionales también necesitan hacer oír su voz sobre temas muy cruciales, como por ejemplo:

- El desarrollo de viviendas alternativas que proporcionen a su hijo un ambiente seguro y, al mismo tiempo, que ofrezca oportunidades de lograr habilidades vocacionales, educativas y sociales.

- La eliminación del estigma al que se asocian las enfermedades mentales.

- La difusión de información acerca de medicamentos nuevos y efectivos, y de otras técnicas para su tratamiento, como el de la comunidad de apoyo.

- El compromiso con el concepto de rehabilitación y recuperación como parte integral del tratamiento.

- El compromiso del diálogo continuo entre los miembros de las familias y los pacientes que reciben servicios de salud mental.

Mi hija es discapacitada y también tiene problemas emocionales. Estuvo durante mucho tiempo en lista de espera para un alojamiento de apoyo, y finalmente consiguió un lugar.

Eso representó un cambio muy importante en su vida y en la nuestra. Ahora está descubriendo que es capaz de hacer muchas cosas, a pesar de que nunca tuvo confianza como para intentarlo.

Y nosotros, por primera vez en años, podemos llevar una vida razonable. Nuestra vida sexual se había convertido en un recuerdo, pero ahora estamos tomándole el gusto de nuevo. Es maravilloso.

(Wanda, cincuenta y dos años)

PARA REFLEXIONAR

Los hijos, a menudo, no se convierten en la clase de personas que sus padres desearían que fuesen, o no hacen la clase de cosas que sus padres imaginaban o esperaban que hicieran. Una parte del proceso de decirles adiós consiste en esperar que nuestros hijos sean lo que ellos quieran ser. El éxito como padres no está determinado porque los hijos lleguen a ser médicos o banqueros. Por el contrario, el éxito se demuestra cuando los hijos se sienten libres para convertirse en las personas que ellos quieren ser, con la certeza de que pueden decidir sobre sus vidas.

Alan Siegel, doctor en Educación,
profesor de la Escuela de Medicina de Harvard

Pasamos años educando a nuestros hijos. Nos preocupamos por su futuro. Nos obsesionamos con su salud, su educación, su vida amorosa (o la falta de ella). Nuestros corazones y nuestras mentes se encuentran totalmente absortos en las tareas paternales. Hacemos a un lado nuestros sueños; a veces llegamos a olvidar que los teníamos. La siguiente hoja de trabajo está pensada para ayudarlo a recordar; la idea es que comience a pensar y a hablar sobre ello.

Test de autoevaluación:
Ésta es su vida

1) Cuando los niños vivían en casa, soñaba con hacer esto, aunque no podía hacerlo:

_____

_____

_____

2) Ahora soy libre para cumplir mi sueño de:

_____

_____

_____

3) Ahora mi pareja y yo podemos realizar nuestro sueño de:

_____

_____

_____

4) Yo (nosotros) realmente estoy (estamos) demasiado mayor(es) para:

_____

_____

_____

Capítulo 2

El nuevo mundo laboral

PARA REFLEXIONAR

Que tu vida tenga momentos interesantes.

Proverbio chino

Estamos atravesando una revolución en nuestros lugares de trabajo. Los supuestos acerca de la lealtad y los compromisos a largo plazo están dando paso a rápidas tomas de decisión de despidos basadas en informes trimestrales y en los cambios sísmicos del mercado global.

La red de seguridad ha desaparecido, y todo esto hace que nos sintamos desconcertados y un poco asustados.

Vivir "momentos interesantes" puede ser tanto una maldición como una bendición. A menudo, se trata de ambas cosas. Los momentos interesantes pueden representar un trastorno físico, social o emocional. Son tiempos de prueba y desafío, de sufrimiento e inseguridad. El lecho de roca se convierte en arena bajo nuestros pies. Seremos puestos a prueba. Se nos pedirá que hagamos más de lo que queremos hacer, y se esperará que estemos a la altura del desafío o que nos quedemos atrás.

> Creo que lo que ha cambiado en el trabajo es, precisamente, el índice de cambio. En los viejos tiempos, pasaban veinte años antes de que un trabajador notara que su lugar de trabajo había cambiado hasta el punto de no reconocerlo. Pero de repente, en los últimos dos o tres años, el ritmo de los cambios se ha acelerado mucho, y éstos han resultado sumamente drásticos.
>
> *(Ed, cuarenta y dos años, psiquiatra)*

Usted está en la mitad de su vida, y nunca imaginó que atravesaría semejante confusión. Ésa es la maldición.

Ésta es la bendición: descubrirá nuevas dimensiones en usted. Tendrá otra oportunidad para recrear su vida gracias a la experiencia que ha ganado a través de los años.

Y ésta es otra bendición: tenemos la expectativa de una vida más larga y más saludable que nunca en la historia de la humanidad y, posiblemente, también tendremos que trabajar más tiempo. Después de todo, si gozamos de buena salud y nos gusta lo que hacemos, es absurdo renunciar a ello sólo porque una convención social dice que es tiempo de que lo hagamos.

Los expertos predicen que en este siglo XXI menos de la mitad de la fuerza laboral estadounidense se centrará en trabajos convencionales de tiempo completo. Ya en la actualidad, trabajos que van desde director general hasta conserje se convierten en puestos no permanentes. Los contratistas independientes y el personal temporal están reemplazando a los trabajadores de tiempo completo.

Es tiempo de considerar opciones no tradicionales. Es posible que, en el pasado, muchos de nosotros juzgáramos inaceptables los trabajos de tiempo parcial o voluntarios, salvo en emergencias. En la actualidad, podemos descubrirnos considerando seriamente empleos de medio tiempo, por cuenta propia, temporales, a través de consultoras, subcontratados, o bien trabajos estacionales o compartidos.

Si usted ha sido despedido de una gran corporación, tenga presente que las empresas con menos de mil empleados suelen valorar a los trabajadores de mayor edad y con mayor experiencia. Más del 90 % de todas las empresas en los Estados Unidos tienen en plantilla menos de 500 empleados, y durante los últimos años han sido responsables del 75 % de las nuevas contrataciones. Tenga en cuenta las empresas pequeñas cuando planee su estrategia de búsqueda de trabajo.

PARA REFLEXIONAR

Provoca hastío trabajar duramente por las mismas cosas hasta que uno termina siendo gobernado por ellas.

Heráclito

Enfrentémoslo. Algunas personas ya sabían, a los cinco años, lo que querían hacer con su vida, pero la mayoría de nosotros nos debatimos hasta encontrar un hueco donde acomodarnos. Mucha gente pospone sus sueños o descubre su vocación en el peor momento de su vida.

Si ha estado pensando en cambiar su profesión y se encuentra momentáneamente desempleado, considere esta interrupción como una oportunidad para reevaluar lo que ha logrado profesionalmente y para explorar nuevas opciones. Es un tiempo para reafirmar lo que ahora importa para usted, en comparación con lo que valoraba cuando se incorporó por primera vez a la fuerza laboral.

Éste es el momento de evaluar lo que le gustaría hacer. Estar sin trabajo le ofrece la extraordinaria oportunidad de reinventarse, de repensar lo que quiere ser y de comenzar un nuevo viaje.

Cuando tenía cuarenta y cuatro años, fui despedida de mi trabajo como asistente administrativa del director de comunicaciones de una gran compañía farmacéutica. Siempre había querido dedicarme a la actividad editorial, pero cuando era joven no podía permitírmelo. Es sabido que en el mundo editorial los sueldos son muy bajos para los principiantes. Era una especie de callejón sin salida: ahora que estaba casada y podía permitirme comenzar de cero, era demasiado vieja. Es decir, a nadie le interesaría contratar a una aprendiz de editor de cuarenta y cuatro años.

Decidí que no tenía nada que perder, y me anoté en una agencia de empleo; y allí tenían una vacante de asistente editorial. Era diez años mayor que mi jefe y quince años mayor que mis compañeros de trabajo. Pero mi jefe me contrató porque yo no tenía miedo a las computadoras, y él les tenía pánico. La costa este acababa de descubrirlas, y la mayoría de la gente no sabía siquiera como encenderlas. Yo no era muy experta, pero en aquel lugar parecía un genio. Me encanta el trabajo editorial. Pagué el derecho de piso trabajando hasta catorce horas diarias, incluidos los fines de semana, y finalmente llegué a ser editor en jefe.

Hay que pensar en positivo y no sentirse condicionado por la edad. Por supuesto, si uno se aventura en algo nuevo es preciso aceptar que posiblemente se ganará menos dinero; es parte del trato.

(Sally, cincuenta y cuatro años, editora)

Contactos profesionales

Si siente que se está volviendo vulnerable debido a los recortes de personal o a la tendencia de contratar a gente que acepta sueldos más bajos aunque tenga menos experiencia, es tiempo de recurrir a sus contactos.

Primero, revise su agenda u organizador electrónico e identifique a personas de otras empresas con las que haya trabajado a menudo o con las que haya tenido buenas experiencias. Propóngase llamar todos los días a cuatro o cinco de sus contactos. Coménteles que está explorando nuevas oportunidades y que está abierto a nuevas aventuras. Vea adónde lo lleva la conversación. Es posible que lo tengan en mente a usted y a su experiencia para futuros trabajos o incluso para una vacante actual. O pueden sugerirle otro contacto u otra empresa con la que ellos trabajen o tengan alguna conexión. La referencia positiva puede resultar en un nuevo empleo.

PARA REFLEXIONAR

Su lista de teléfonos es una poderosa herramienta para conseguir empleo.

Otra manera efectiva de llevar a cabo contactos profesionales es utilizar su trabajo actual para presentarse a una "prueba" para un empleo en otra empresa. Es posible que sus actuales responsabilidades incluyan colaborar con personal de otra organización para un proyecto específico. Use esta oportunidad para mostrar sus talentos. Nunca se sabe cuándo quedará vacante un cargo o cuando le preguntarán a alguien con quien usted haya trabajado si conoce a alguna otra persona que pueda estar interesada en un puesto en particular.

Use Internet en su búsqueda de trabajo

No es una herramienta mágica, pero si está buscando trabajo, vale la pena que utilice Internet. Muchos sitios ofrecen listas con trabajos, reclutadores y agencias de colocación. También puede encontrar listas o publicaciones y directorios. Pero recuerde que el solo hecho de estar apuntado en un directorio no representa necesariamente un respaldo. Algunas personas aparecen en las listas porque han pagado para que incluyan sus nombres. Verifique su historial y cuánto hace que están listados.

También existen libros que enseñan cómo acceder "en línea" a paneles de información, listas de trabajos, reclutadores, grupos de discusión y servicios de publicación de currículos. Una vez que se anime, podrá explorar oportunidades en línea y enviar solicitudes a través del correo electrónico.

Aunque Internet no reemplaza los contactos personales y otros métodos tradicionales para encontrar trabajo, se ha convertido en un importante recurso en nuestro mundo moderno.

Trabajo voluntario y de tiempo parcial: ¿Por qué ofrecerse como voluntario?

El trabajo voluntario solía considerarse poco atractivo. La gente hablaba maravillas de las personas que ofrecían ayuda, pero en privado muchos pensaban que trabajar gratis era una pérdida de tiempo. Es hora de replantearse esa percepción. Si está pensando en cambiar de profesión, el trabajo voluntario puede ser la mejor opción.

> Trabajaba con grupos de gente mayor, pero después de veinte años me sentía agotado y necesitaba un cambio. Durante mucho tiempo pensé en cambiar de enfoque y trabajar con gente joven, pero no tenía la preparación necesaria y no podía permitirme dejar de trabajar para volver a la universidad.
>
> Me ofrecí como voluntario para trabajar con jóvenes con problemas en un centro de detención. La experiencia resultó beneficiosa para ambas partes. Yo poseo una gran experiencia administrativa y ellos tenían los clientes con los que yo quería aprender a trabajar. No es sencillo. El trabajo es muy exigente, pero creo que vale la pena.
>
> *(Lloyd, cuarenta y dos años, trabajador social)*

Trabajar de forma voluntaria en un nuevo campo puede ayudarnos a decidir si nos interesa dedicarnos a él. También nos brinda experiencias o mejora nuestras habilidades dentro de un área que ya conocemos. Trabajar como voluntarios es una excelente oportunidad para tantear el terreno y hacer nuevos contactos. Y, además, puede agregar esa experiencia en su currículo.

Los expertos aconsejan a las personas que buscan empleo y que han realizado tareas como voluntarios que las incluyan en sus currículos. No es necesario que destaque que se trató de un trabajo no remunerado. En otras palabras, describa qué tareas llevó a cabo, las actividades o las personas que supervisó y la experiencia que adquirió, así como el entrenamiento o las clases en que participó.

El voluntariado es también una oportunidad para ayudar a otros. Es una manera de permanecer activo cuando se está desempleado y de mantener la propia situación en perspectiva.

Cómo realizar trabajo voluntario

☞ Elija una organización que le guste o aquella en la que tenga un interés personal.

☞ Busque oportunidades de voluntariado en el periódico local y en oficinas públicas.

☞ La Cruz Roja ofrece miles de oportunidades como voluntario en diversas áreas, incluyendo administración, relaciones humanas y dirección.

☞ En Internet pueden encontrarse miles de oportunidades para trabajar como voluntario. Utilice los buscadores.

☞ Si sabe utilizar computadoras, piense en trabajar a distancia.

PARA REFLEXIONAR

Algunos expertos en aritmética política han calculado que si cada hombre y mujer trabajara en algo útil cuatro horas diarias, ese trabajo produciría lo suficiente para todas las necesidades básicas y comodidades de la vida. La indigencia y la miseria desaparecerían del mundo, y el resto de las veinticuatro horas podría dedicarse al ocio y al placer.

Benjamín Franklin

Si ama su trabajo pero ha sido despedido, considere la posibilidad de trabajar medio tiempo, o trabajar desde su casa, o convertirse en consultor.

Consultoría

Carla, una amiga que está atravesando los cuarenta años, es vicepresidente de un enorme centro médico. Cambió varias veces de profesión hasta descubrir lo que le gustaba. Le preguntamos qué haría si fuera despedida mañana:

Trataría de evaluar qué es lo que realmente quiero hacer, y cuáles son mis habilidades e intereses. Creo que, en este momento de mi vida, probablemente iría por mi cuenta. Siempre he pensando en comenzar mi propio negocio, y eso me daría la motivación, el empuje, el ímpetu necesario para hacer finalmente lo que siempre quise pero no podía hacer.

Las cuestiones financieras son una gran preocupación... ¿Tendría el dinero suficiente para poder pagar mis cuentas? Quizás buscaría otro trabajo mientras comienzo con mi negocio; quizás trabajaría medio tiempo mientras, por otra parte, intento construir algo.

Creo que sería un gran momento para hacer un balance y reagruparme, y no sentiría tanto pánico como si me hubieran despedido a los veinticinco o treinta y cinco años. Aunque ahora para mí es muy importante tener ingresos fijos, también tengo mayor control. Recuerdo que, cuando era más joven, me asustaba muchísimo ser despedida. Tenía que conseguir otro empleo inmediatamente. Ni siquiera me tomaba un respiro para comprender qué quería hacer realmente. Creo que se trata de una maravillosa oportunidad para descubrir lo que uno desea para el resto de su vida.

Otro amigo renunció hace poco a su prestigioso puesto en una importante editorial para convertirse en consultor independiente. Esto es lo que nos dijo:

Trabajé en el mundo editorial durante veinte años, y si no hubiera sido por mi amigo Ed, que me convenció de que, a veces, un nuevo comienzo da más sentido a la vida, probablemente no hubiera tenido valor para renunciar. Pero no me sentía feliz en la empresa editorial. Había mucho negocio y poco por editar. Yo quería concentrarme en el trabajo editorial, ya que para eso comencé en este trabajo: por el amor a los libros y la posibilidad de trabajar con el autor en un manuscrito.

En cuanto dejé mi empleo, todo pareció cobrar sentido. Conseguí un importante número de clientes con los que trabajar, y el negocio está funcionando muy bien. Me encanta la flexibilidad de poder trabajar desde mi propio apartamento.

Hace sólo un año y medio, cuando la gente me comentaba que se dedicaban a la consultoría independiente, me producía escalofríos pensar que no sabían cuándo iban a recibir su próxima paga.

Fui criado con el estricto sentido de que debía pertenecer a una empresa paternalista, para saber con seguridad cuándo me pagarían y qué clase de trabajo debería realizar exactamente. Todo tenía que estar estipulado. En realidad, en las grandes empresas todo *está* muy estipulado, pero también puede resultar asfixiante.

Es probable que yo sea una de las personas más contrarias a los riesgos en todo el mundo; pero Ed me ayudó a comprender que uno puede utilizar el riesgo como combustible para realizar las cosas que siempre ha querido hacer. Supongo que lo que necesitaba era concentrarme en ese pensamiento y volverlo realidad en vez de huir de él.

(Jay, cuarenta y dos años, editor)

La nueva tecnología

Tanto si está buscando un nuevo empleo como si las computadoras sólo ahora han comenzado a utilizarse en su trabajo, éstas son la clave para su supervivencia profesional y especialmente para alcanzar el éxito en el mercado laboral. Si usted no sabe manejar una computadora, se encuentra en enorme desventaja.

Resulta obvio que, en mi situación en particular, la clave es la tecnología; y eso a pesar de que cuando comenzaron a utilizarse [las computadoras] no me anduve con rodeos. Me parece que hay mucha tontería. Por ejemplo, no creo ser una buena consejera para una adolescente con desórdenes alimenticios sólo por encender la computadora y buscar un artículo sobre anorexia, aunque eso resulte útil. Creo que la tecnología es una buena herramienta. Pero no considero que se trate de algo "absoluto" o definitivo. Creo que mucho de eso es una tontería. Para ser una mejor consejera, debo concentrarme realmente en los jóvenes. Trato de mantenerme actualizada... Ciertamente me he vuelto mucho más eficiente con las computadoras. Aún soy una principiante, pero mucho más hábil de lo que nunca imaginé.

(Michele, cincuenta y cuatro años, consejera)

PARA REFLEXIONAR

Somos lo suficientemente viejos como para recordar el papel carbónico.

A nosotros también nos ha ocurrido. El año pasado, Steve encendió nuestra flamante computadora Gateway 2000 y vio la pantalla de Windows por primera vez. Estuvo a punto de subirse por las paredes. Estaba convencido de que la empresa se había equivocado, y que accidentalmente nos habían enviado una computadora programada para un infante de cinco años, con música pensada para tranquilizar a un niño díscolo, un pequeño logo con una papelera y un clip para papeles animado que nos vigilaba desde la esquina de la pantalla ("Parece que está escribiendo una carta. ¿Desea obtener ayuda?"). Furioso, desenchufó la máquina (causando una pequeña catástrofe Windows, pero ésa es otra historia) y suspiró por su prehistórico *software* Wordstar. Es cierto, el programa Wordstar requería que aprendiera más códigos que un agente de la CIA, pero al menos tenía dignidad. Steve suspiró por su máquina Selectric con autocorrección, la Royal eléctrica a la que ésta había reemplazado y la Smith Corona manual que había comprado por ochenta y cinco dólares en 1960.

Lo comprendimos. Lo compadecimos. Sin embargo, le recomendamos firmemente que no confesara a sus compañeros de trabajo su idea de que el equipo ideal para una oficina lo constituyen un ábaco y una pluma. Le sugerimos, en cambio, que comunique su entusiasmo por mantenerse actualizado con las últimas innovaciones. Haga saber a su jefe y a sus compañeros lo interesado que está en aprender nuevos programas y en sumar su enorme conocimiento del trabajo a la nueva tecnología computarizada (si necesita vomitar, hágalo más tarde y en privado).

PARA REFLEXIONAR

Las cosas no son lo que eran; en realidad, nunca lo fueron.

Anónimo

¿Cómo puede convertirse en un genio de las computadoras sin volverse loco? Primero, aproveche los programas de entrenamiento que pueda ofrecer su empleador y aprenda todo lo que pueda. Recuerde que el conocimiento es poder, y una clase gratuita que le enseñe nueva tecnología es un intercambio para la menguante seguridad de su empleo. Considérelo como tener dinero guardado en el banco. También es una buena estrategia de relaciones públicas ser visto como un empleado activamente interesado en mantenerse actualizado.

Si está buscando trabajo, no se engañe pensando que no necesita actualizar sus conocimientos. Pida, tome prestado o compre una computadora de última generación. Y si por casualidad tiene un modelo antiguo, le sugerimos que lo conserve. (Nosotros nos deshicimos de nuestra "antigua" computadora de 1984 cuando nos mudamos. Era la primera portátil que se había producido, y en la actualidad es un artículo de colección.)

No se deje llevar por el pánico si no tiene idea de cómo encender una computadora. Es tiempo de plantearse estrategias. Ésta es una guerra. Anótese en una clase para analfabetos en computación en el colegio más cercano. No tenga miedo. Los jóvenes a cargo de esas clases tienen padres que se sentían tan incómodos como usted lo está ahora. Hablan un idioma accesible y son muy agradables. O pida a sus hijos que le enseñen lo básico (es una buena manera de pasar tiempo juntos). También puede publicar un aviso en el periódico de la universidad local y contratar a un estudiante para que le dé clases. Finalmente, no olvide que todos los programas de computación tienen un manual de ayuda en el sistema. Úselo.

Cuando me mudé a la ciudad desde los suburbios, descubrí que el mundo de los negocios había cambiado. Yo solía trabajar medio tiempo en una oficina de seguros. No teníamos computadoras. Utilizaba una máquina de escribir eléctrica, pero estábamos muy desactualizados. Debería haber renunciado a ese empleo y haber aprendido a manejar computadoras, pero uno no puede adivinar el futuro.

El año pasado, mis hijos me obligaron a hacerlo. Me compraron una computadora con Windows 95, la instalaron en el salón y comenzaron a darme lecciones. Luego comencé a animarme a usarla. A menudo llamaba a uno de mis hijos, aterrada, y le decía: "No puedo salir de esta pantalla", y él me ayudaba. Ahora uso Internet y envío correos electrónicos a amigos de Filadelfia y California. Puedo escribir una carta e imprimirla. Mis hijos realmente me hicieron entrar en el año 2000.

(Rachel, cincuenta y nueve años, secretaria)

Personalmente, no creemos que los manuales de computación resulten muy útiles, pero alguna gente asegura que lo son. Quizás le interese mirar el material disponible en una librería o en la biblioteca local.

Discriminación por la edad

Cuando tenía treinta y seis años y trabajaba en el departamento de *marketing* de una editorial de material educativo, la empresa fue vendida. Empezaron a circular rumores de que cambiarían al presidente, una mujer de cincuenta y un años, por un hombre de veintiocho. Ya podía imaginarme que en la empresa comenzaría a trabajar gente más joven.

En aquel momento, también pensé que sería interesante comenzar a trabajar en *marketing* del cuidado de la salud, así que el ímpetu de cambiar de empleo no se basó en el miedo a ser discriminada por la edad, aunque ciertamente se vio fortalecido por lo que ocurría.

Dos meses después de mi renuncia, despidieron a la mujer y en su lugar pusieron al joven. Alguien del departamento de contabilidad comentó que cobraba mucho menos dinero que su antecesora.

(Etta, cuarenta y cuatro años, marketing*)*

Me entrevistó una mujer joven, de unos veintitantos años. Me invitó a pasar, me senté, y cuando estaba contándole cuál era mi experiencia en el trabajo, me dijo de pronto: "Bueno, tendrá que responder *muchas* llamadas telefónicas, esto es un *periódico*". Y yo le dije: "Sí, lo sé. Trabajé en una empresa de seguros durante trece años. Respondía muchas llamadas telefónicas". Y ella continuó: "Bien, pero aquí hay mucho, mucho movimiento". Seguimos hablando y hablando, pero cuando me marché de la oficina pensé: "¡Esa mocosa arrogante! ¡Hablarme como si fuera una anciana!"

(Maureen, cincuenta y ocho años, secretaria)

La discriminación a causa de la edad resulta perniciosa por muchas razones. La primera, obviamente, es que se deja sin empleo a trabajadores experimentados y calificados. La segunda, y más insidiosa, es que crea un sentimiento destructivo de desesperanza en la persona que pierde su trabajo.

No se deje envenenar. Si lo han despedido debido a un recorte de personal o porque contrataron en su lugar a una persona más joven que cobrará menos dinero, o no lo han tenido en cuenta para un puesto debido a su edad, o lo han despedido por considerar que su trabajo se ha vuelto obsoleto, usted sigue siendo esencialmente la misma persona que era el año pasado. Ahora es tiempo de restaurar la imagen que tiene de sí mismo.

Creemos que la manera más constructiva de enfrentarse a la discriminación por causa de la edad es emplear la ira y la frustración para estimular su ambición. Tómese revancha empleando este momento de su vida para descubrir nuevas habilidades y desarrollar nuevas posibilidades para sus talentos.

Me despidieron cerca de mi cumpleaños número cincuenta y cinco. Había trabajado siempre para la misma empresa; habíamos oído rumores acerca de posibles recortes de personal, pero nadie piensa que le va a ocurrir a uno. Los desgraciados contrataron a un joven que acababa de terminar la universidad; un joven menor que mis propios hijos. Me avergüenza decirlo ahora, pero cuando llegué a casa lloré como un bebé.

Bueno, finalmente (digamos que después de un par de meses), mi esposa me advirtió que ya era suficiente. Fui a ver a una psicóloga que me dijo que estaba haciendo un duelo. Quizás tuviera razón.

Así que comencé a reorganizarme. Hice algunas llamadas telefónicas. Fue difícil. Me contrataron para realizar pequeñas tareas de consulta. Entonces, me llamó una de las personas con las que solía trabajar. Estaba enseñando matemática en un colegio terciario, y necesitaban a alguien para las clases de los sábados por la mañana.

En la actualidad, realizo la consultoría desde mi casa. Trabajo un día a la semana para una pequeña empresa y doy clases en el colegio. Me gusta la enseñanza y estoy pensando en iniciar un servicio de tutoría con un par de compañeros: matemática, física, tecnología informática. Los jóvenes tienen una expresión: "Búscate la vida". Bueno, yo ya tengo una.

(Jerome, cincuenta y ocho años, ingeniero electrónico)

Cuando su jefe es (mucho) menor que usted

• ◆ •

PARA REFLEXIONAR

Todas son pistas, no soluciones. Así son las cosas ahora.

Dennis Potter, *The Singing Detective*
(El detective cantor)

El nuevo vicedirector podría ser mi hijo. Todavía hay veces en las que me dice "señora…", mientras que yo lo llamo Fred. En su oficina siempre se escucha música *New Age*.

El otro día, una de las profesoras de "inglés como segundo idioma" pidió a tres de sus alumnos que preguntaran al personal: "¿Recuerda qué estaba haciendo el día en que mataron a Kennedy?" Muchos de los miembros del personal ni siquiera habían nacido cuando Kennedy murió. Más tarde, le pregunté a la profesora: "¿Cómo sabían los alumnos a quién preguntarle?"; y ella me dijo: "Bueno, no lo tome a mal, pero los niños miraban a la gente y decían, 'Ella parece vieja, preguntémosle'." Supieron exactamente a quién preguntarle. Sólo miraban a ciertos miembros del personal y decían: "Preguntémosle a ella… parece vieja."

(Michele, cincuenta y cuatro años, consejera)

Todos hemos oído anécdotas acerca de lo que significa trabajar con un jefe o unos compañeros más jóvenes ("*No, Jimmy Hendrix no era uno de los Beatles*"). Resulta tentador usar su edad como oportunidad para denostar todo lo que está cambiando en nuestro lugar de trabajo. Pero la realidad es que tanto su jefe como sus compañeros también han sido contratados para realizar un trabajo. Probablemente se sienten intimidados por sus años de experiencia, y si se comportan de manera arrogante, es posible que estén ocultando su miedo. Usted puede tener hijos de esa edad, pero probablemente les recuerde a sus padres. Usted puede ser como un joven en cuanto a su habilidad para pensar creativamente en su trabajo, pero para un joven de veintisiete años es una figura paternal. Así es la vida, de modo que tómelo con calma.

Le preguntamos a un empleado administrativo de mediana edad cómo lidiaba con las barreras de la edad. Ésta fue su irreverente respuesta:

> Los trabajadores jóvenes suelen pedir consejo acerca de problemas políticos internos. Los supervisores de nivel medio están preocupados por el poder, así que no hacen preguntas. Los supervisores en jefe preguntan de vez en cuando sobre recursos o problemas técnicos, como encuestas, etc. Les digo lo que sé. Soy respetuoso con mi jefe y mis colegas. Termino mi trabajo. Mi oído y mi memoria excluyen los chismes.
>
> *(Maurice, sesenta y tres años, contador)*

PARA REFLEXIONAR

Buscar trabajo es un trabajo muy agotador.

La búsqueda de trabajo es un trabajo. ¿Recuerda los viejos buenos tiempos, cuando tenía un empleo de nueve a cinco? ¿Acaso se levantaba de la cama cada mañana con una canción en el corazón? ¿Sentía que todos los días estaban repletos de un auténtico gozo? Si contesta afirmativamente a estas preguntas, entonces usted es un santo y no necesita leer lo que viene a continuación.

Para la mayoría de nosotros, el trabajo es una mezcla de buenas y malas experiencias, de subidas y bajadas. Ahora su trabajo es buscar empleo. No se sentirá todo el tiempo optimista, realizando llamadas telefónicas, vistiendo su traje y saliendo a la calle. Es difícil y atemorizante. Hágalo de todos modos. Ya ha llegado hasta aquí en la vida. Piense en todo lo que ha logrado. Tome esa experiencia y preséntesela al mundo como un activo y no como el pasivo que usted cree que es.

Cuando se está desempleado, es importante mantener la vida en perspectiva. Estar sin trabajo no es una situación normal; es un momento extraordinariamente lleno de tensiones. Su confianza en sí mismo está por el suelo, y es posible que, secretamente, piense que va a estar desempleado para siempre. No es cierto. Recuerde que ha trabajado durante mucho más tiempo del que lleva sin empleo. Piense en los logros pasados y lo que quiere lograr en el futuro. Piense a largo plazo.

Mientras mira el pasado buscando perspectiva y hacia el futuro para centrarse, no olvide cuidarse en el presente. Aliméntese de forma adecuada, duerma las horas que necesite y pida ayuda, tanto emocional como espiritual. Su ego está frágil, y es probable que se sienta vulnerable.

Le sugerimos que se rodee de la gente que lo quiere y que le brindará su apoyo. No espere que uno o dos amigos o que los miembros de su familia lo hagan todo. Su necesidad es grande, y el agotamiento, incluso entre la gente más cercana y querida, también puede serlo. Permita que todos sus amigos y la gente querida lo ayuden a sobrellevar este difícil período. Cuando ellos se encuentren en una situación similar, usted también estará cerca para apoyarlos.

Considere la posibilidad de unirse a un grupo de ayuda para gente que busca empleo. Estar entre gente que habla el mismo idioma siempre resulta de gran ayuda. Podrán ofrecerse ayuda y apoyo unos a otros. También resultan útiles los suplementos semanales de empleo y negocios en los diversos periódicos, donde figuran otros grupos de trabajo.

Consejos para la supervivencia

Todos estamos de acuerdo en que buscar trabajo no es el momento más feliz de la vida. Es importante que se cuide usted y se mime un poco.

☞ Regálese una sesión de manicura de diez dólares y un nuevo peinado o corte de cabello.

☞ Vaya a obras de teatro y conciertos económicos con sus amigos.

☞ Si ha tenido una mañana productiva, regálese un gusto especial: vaya al cine en mitad del día. Pero no caiga en la tentación de convertirlo en un hábito. Tenga en cuenta que las películas pueden llegar a ser seductores escapes de la realidad.

☞ Actúe como un turista en una nueva ciudad. Permanezca en las calles durante el día, cuando lo hacen los visitantes. Pruebe observar sus ambientes familiares como si los viera por primera vez.

☞ Si puede permitírselo, cómprese un traje nuevo. O un par de zapatos, una corbata o un bolso para combinar con un traje que ya tiene.

☞ Practique ejercicios y coma adecuadamente. Recuerde que buscar trabajo no es un castigo. No tiene que enclaustrarse en la vergüenza. No se prive de las cosas que le dan placer.

☞ Si es un adicto al trabajo, éste es un buen momento para tomar un respiro y reflexionar sobre lo que quiere hacer en el siguiente período de su vida.

☞ Emplee el tiempo como mejor le parezca, pero recuerde que su trabajo es encontrar trabajo.

Quizás le resulte útil conversar con un consejero espiritual o unirse a un grupo de meditación para encarar la situación desde una buena perspectiva.

PARA REFLEXIONAR

Todo estará bien,

y todo estará bien,

y todas las clases de cosas

estarán bien.

Juliana de Norwich,
Libro de visiones y revelaciones

El test de autoevaluación que incluimos a continuación tiene como objetivo ayudarlo a echar una mirada más cercana a su perfil profesional.

Requiere que considere sus habilidades, su potencial y preferencias de trabajo, y las opciones que pueda tener.

Hacer un balance

1. ¿Qué habilidades poseo?

2. ¿Qué me gustaba de mi(s) anterior(es) trabajo(s)?

3. ¿Qué cosas no me gustaban?

4. ¿Quiero volver a la universidad? _____ Sí ☐ No ☐

5. Si la respuesta es *Sí*, ¿qué área de estudio me interesa?

6. ¿Quiero mudarme? _____ Sí ☐ No ☐

7. Si la respuesta es *Sí*, ¿qué zona preferiría para hacerlo?

8. ¿Quiero cambiar mi estilo de vida? _____ Sí ☐ No ☐

9. Si la respuesta es *Sí*, ¿en qué sentido?

10. ¿Cuáles de mis intereses podrían traducirse en un empleo pagado?

11. ¿Podría desembocar en una nueva profesión la experiencia que poseo realizando trabajos voluntarios? _____ Sí ☐ No ☐

12. Si la respuesta es *Sí*, especifique cómo.

13. ¿Puedo permitirme trabajar por un menor salario? _____ Sí ☐ No ☐

14. Si la respuesta es *Sí*, ¿cómo lo haría?

15. ¿Cuál es mi profesión soñada? ¿Por qué?

16. ¿He abandonado una profesión que ahora
me gustaría volver a explorar? _____ Sí ☐ No ☐

17. Si la respuesta es *Sí*, ¿qué profesión sería?

18. ¿Qué trabajo o campo de acción abandoné por un empleo más lucrativo?

19. ¿Ya es demasiado tarde para reconsiderarlo?
_____ Sí ☐ No ☐

20. Si la respuesta es *Sí*, ¿cuáles son los motivos?

21. ¿Qué experiencia, estudios o referencias necesitaría, si quisiera dedicarme a la profesión de mis sueños?

22. ¿Cómo me gustaría que fuera mi vida profesional dentro de cinco años?

TEST DE AUTOEVALUACIÓN:
Cuando está desempleado

* Estoy desempleado porque: _____

* Las cualidades que aporto al mercado laboral son: _____

* Mis logros incluyen: _____

* Mis metas para los próximos cinco años son: _____

Capítulo 3

Hacer ejercicio:
una rutina para toda la vida

PARA REFLEXIONAR

Siempre que siento la necesidad de hacer ejercicio, me recuesto hasta que se me pasa.

Anónimo

Cada edad tiene sus humillaciones físicas. Cuando éramos bebés, soportamos la dermatitis del pañal, la salida de los primeros dientes y las vacunas inmunizadoras. ¡Ay! Más tarde aparecieron el acné, las poluciones nocturnas, las toallas higiénicas, las muelas de juicio, los aparatos para los dientes y el ardor después de afeitarse.

A medida que maduramos, nos vamos familiarizando con delicias médicas tales como mamografías, sigmoidoscopias flexibles, ultrasonido pélvico y examen de próstata. Todo es necesario. Todo es bueno. Está bien: lo hacemos, pero sin sonreír por ello.

Cuando llegamos a la mediana edad, las cosas empeoran. Lo notamos en el estómago y en la espalda, en la presión sanguínea, el colesterol, la densidad ósea y la próstata. En cualquier lugar. Descubrimos que mantenemos relaciones adversas con nuestros cuerpos, y todas las negaciones del mundo no pueden ocultar el hecho de que si no hacemos un balance y remediamos la situación ahora, el futuro será aún más complicado.

Así que lo intentamos. Compramos libros que nos dicen qué dietas saludables seguir. Nos decimos a nosotros mismos que la buena alimentación es la mejor medicina. Después hacemos trampa, nos sentimos culpables y compramos más libros. Nos preguntamos qué sucedió con los buenos viejos tiempos, cuando lo peor que podía pasarnos, si comíamos patatas fritas y tarta de chocolate, era una vergonzosa erupción de granos.

Si nos comportamos disciplinadamente, podremos lograr un equilibrio: un poco de comida basura y muchos nutrientes con bajo contenido graso. Si no somos tan disciplinados, podremos terminar con una medicación que controle nuestra presión sanguínea, el nivel de colesterol o la densidad ósea.

Desafortunadamente, no existe la píldora mágica que nos permita comer como adolescentes sin sufrir las consecuencias. Pero existen maneras de mantenernos saludables sin pasar hambre. Una opción es encontrar una dieta equilibrada que podamos tolerar más de una semana. Otra opción es hacer ejercicio.

Todos lo hemos oído millones de veces, pero es muy importante; así que aquí va una vez más: el ejercicio reduce los riesgos de enfermedades coronarias y arteriales, el infarto, la diabetes, el colesterol alto y la osteoporosis. Para muchos, resulta una manera efectiva de controlar la depresión y es un método excelente para quemar calorías.

Informamos sobre todo esto con cierta tristeza, porque al menos uno de nosotros preferiría que le arrancaran las uñas de raíz antes que practicar un deporte enérgico.

Confesiones de una adicta al sofá

por Judith Estrine

El ejercicio es el instrumento con el que la naturaleza me atormenta. Es aburrido, requiere mucho tiempo, resulta ocasionalmente doloroso, intermitentemente humillante... ¿ya mencioné que es aburrido?

Fui la típica niña a la que la pelota de voleibol golpeaba en la cabeza, la que se perdía en el camino a la tercera base y que casi se ahogaba en la parte poco profunda de la piscina. Mis compañeros de juego en los bolos no podían creer mi perfecta puntuación: no muchos logran dejar todos los bolos de pie.

Cuando crecí, cometí el error fatal de enamorarme de un corredor de fondo. Aún peor, me casé con él. Steve era reservado. Un domingo por la mañana, justo después de casarnos, comentó:

—Tengo algo importante que decirte.

Allí estaba él, realizando un absurdo ejercicio de elongación, mientras se le veía ridículamente en forma con sus estúpidos pantaloncitos cortos de corredor; yo, entre tanto, tumbada en el sofá, era la viva imagen de la felicidad dominical.

—Muy bien —ronroneé—. Hablaremos cuando regreses.

—No puede esperar.

—Entonces cuéntamelo, querido. Soy toda oídos.

—No; corre conmigo hasta el parque. Hablaremos allí.

—¿El parque?

—Sí; hasta el parque. Lo que tengo que decirte, tengo que decírtelo en el parque.

Hasta aquel momento, la vida había sido maravillosa. Yo, el sofá, mi café, mi esposo. Pero ahora la serpiente había entrado al Edén y había despertado mi curiosidad. ¿Acaso mi marido había malversado dinero? ¿O había perdido su trabajo? ¿O tenía un hijo extramatrimonial?

... Entonces la tonta recién casada corrió, luchando por seguir el ritmo de su esposo, pegándose a él mientras el dolor desgarraba su cuerpo...

Esperé discretamente a que me fuera revelado el oscuro secreto. ¿De qué podría tratarse? Finalmente, mientras me preparaba para morir, Steve murmuró:

—Te adoro. ¿Lo comprendes ahora? Estás aquí para que pueda decirte que quiero compartir mi mundo del deporte contigo.

Eso no era cierto. Yo estaba allí porque era una idiota. Así que lo derribé de un golpe. Bueno, no exactamente. La verdad es que el hombre me manipuló. Me engañó como a una niña. En el fondo de mi corazón, sin embargo, estoy convencida de que en un matrimonio las palabras cariñosas son tan valiosas como los diamantes. No podía simplemente escupirle en el ojo, ¿verdad?

Terminé el recorrido, sudando como un cerdo y orando en silencio para que el ángel de la muerte tuviera piedad de mí y me llevara... o se llevara a mi esposo. Preferiblemente a mi esposo.

La segunda vez que Steve me engañó, resulté levemente menos traumatizada, porque esta vez conocía los puntos de referencia. La roca grande se encontraba a un minuto de distancia de la fuente de agua, y si llegaba hasta allí, tenía derecho a detenerme para beber. Y después de eso, sólo quedaba medio camino hasta casa. ¿Cómo consiguió que lo acompañara esta vez? Soborno. El hombre no tiene vergüenza. Me compró un precioso conjunto deportivo color morado que me hacía sentir como una verdadera atleta; torpe, fuera de forma y con mala disposición, pero una atleta de todos modos.

En los meses siguientes, fui cruelmente engatusada y me hicieron sentir como una diosa sensual cada vez que arrastraba mi cadáver de vuelta al apartamento.

La luna de miel terminó a fines de aquel año. Ya era una corredora. No hubo más zalamerías. Solíamos discutir nuestros problemas de presupuesto mientras hacíamos el recorrido de ocho kilómetros alrededor del Central Park. Pero para entonces ya no me importaba, porque me habían enganchado.

Nunca aprendí a correr muy rápido, pero hice mi mejor esfuerzo e incluso llegué a completar el Maratón de la ciudad de Nueva York de 1992, aunque nunca imaginé que sería lo suficientemente estúpida para intentarlo. Me arrastré hasta la meta, acepté la rosa y la medalla que otorgaban a todos los que lograban llegar al final de aquella marcha mortal de 42 kilómetros, y rompí a llorar.

Al año siguiente, mis rodillas se resintieron. Regresé a mi viejo hueco en el sofá y me comporté como una atleta veterana. Después de todo, era una mujer moderna. Tenía lesiones causadas por el deporte.

El tiempo pasó, entré en la menopausia, y mi ginecólogo me dijo que tenía problemas más graves que las rodillas resentidas. Era candidata a sufrir osteoporosis y enfermedades en las arterias coronarias. *¿Osteoporosis? ¿Ataque cardíaco? ¿Joroba de viuda? ¿Fractura de cadera? ¿Me está hablando a mí?* No me sentí consolada por las alternativas: ejercicios aeróbicos de bajo impacto, entrenamiento con pesas, cinta de correr. *Doctor, dígame que se trata de una broma. ¡Maldición, no lo haré! Ya he pasado por todo eso. Tengo heridas de guerra que lo prueban.*

Entonces volvió a aparecer mi deportista de reluciente armadura, esta vez con un entrenador personal como regalo de cumpleaños. Más o menos aterrorizada, me entrené para saltar de la cama al despuntar el sol (y la lluvia, y la nieve, y las ráfagas de hielo del círculo ártico) con el fin de levantar pedazos de frío hierro y correr hacia ninguna parte sobre una cinta de goma en movimiento.

¿Si me gusta hacerlo? ¿Están bromeando? Pero me he creado pequeños rituales: panecillos con poca mantequilla y café en la cafetería de la esquina, cinco minutos de informe meteorológico en el aparato de TV del gimnasio, una breve charla con mis hermanas de sufrimiento, y allí voy. He puesto sobrenombres a algunas de las rutinas más interesantes: Rallador de queso (presión de piernas), Sillón del dentista (extensión de piernas), Orgasmatrón (flexión de piernas), Trapecio volador (Gravitrón). Me quejo con todas mis fuerzas cuando levanto pesas de veinte kilos y me siento deleitada al descubrir la mirada de sorpresa de mi entrenador cuando hago más abdominales que la semana anterior. Al terminar, regreso a casa apestando como una deportista y bebiendo de mi botella de agua con estilo masculino. Escupo en la calle. *No soy una dama. Soy una atleta.*

Olvidé mencionar la cereza del pastel: mi abdomen chato cuando me pongo un vestido o una falda. Después de oír que a una la adoran, ésa es la segunda mejor motivación.

No se sienta culpable si detesta hacer ejercicio; haga ejercicio de todos modos.

Está muy bien que maldiga antes, durante y después; haga ejercicio de todos modos.

Haga ejercicio. Su cuerpo se acostumbrará. Y, a la larga, también lo hará su mente.

· ◆ ·

PARA REFLEXIONAR

Los ejercicios con pesas reducen el riesgo de osteoporosis en mujeres posmenopáusicas.

La guía de mantenimiento físico del American College of Sports Medicine (ACSM) (Colegio Estadounidense de Medicina Deportiva) recomienda lo siguiente para las personas adultas que gozan de buena salud:

➤ 20 a 60 minutos de actividad aeróbica, 3 a 5 días por semana

y

➤ 20 a 30 minutos de ejercicios con pesas, utilizando pesas livianas (de medio kilo a seis kilos), 2 a 3 veces por semana

y

➤ ejercicios de elongación 2 a 3 veces por semana como mínimo.

Es necesario tener un sueño

¿Cómo quiere estar en seis meses? ¿Cómo quiere sentirse? Piense qué es lo que desea lograr a largo plazo. ¿Quiere perder un par de tallas? ¿O desarrollar los músculos pectorales para el verano? ¿O subir unos cuantos peldaños sin sentir que el corazón se le escapa por la garganta? ¿Le gustaría relajarse? ¿Quiere reducir sus probabilidades de sufrir osteoporosis? ¿Le gustaría atraer a una nueva persona?

✗ Si su objetivo es perder peso:

- El mejor ejercicio son los movimientos repetitivos, como caminar, andar en bicicleta o correr.

- Aunque parezca sorprendente, es posible que la natación no sea el mejor ejercicio para comenzar. Las personas con sobrepeso suelen flotar con más facilidad que las delgadas, así que sus cuerpos no necesitan hacer mucho esfuerzo en el agua. Por lo tanto, no queman tantas calorías.

- Intente realizar ejercicios de entrenamiento de la fuerza muscular, los cuales forman músculos que consumen calorías.

✗ Si su objetivo es prevenir la osteoporosis:

- Los ejercicios de entrenamiento de la fuerza muscular son los mejores, porque al ejercer presión sobre los huesos estimulan la circulación de calcio a través del esqueleto. Lo ideal es realizar dos o tres sesiones a la semana.

Los ejercicios de entrenamiento de la fuerza muscular se realizan con pesas de entre medio kilo y 6 kilos.

Dan mejor resultado con los grupos musculares principales. Por lo general, tendría que ser capaz de completar de 10 a 12 repeticiones de tres grupos de ejercicios. Si no puede hacerlo, significa que el peso es excesivo.

✗ Si su objetivo son los ejercicios aeróbicos:

- Le sugerimos que haga ejercicios que aumenten su ritmo cardíaco hasta al menos un 55 o 65 por ciento de su máximo. Pruebe con enérgicas caminatas, trotes, ciclismo o cinta de correr.

Si su objetivo es reducir la tensión:

- Pruebe con yoga, ejercicios aeróbicos o *tai chi*.

Su objetivo es volverse más fuerte y saludable. Por favor, no se suicide con las buenas intenciones. Realícese un control físico antes de comenzar con un programa de ejercicios.

PARA REFLEXIONAR

La expectación tiende a ser experimentada como realización.

Anónimo

Tempus fugit

No necesita reorganizar sus horarios para comenzar un programa de ejercicios. Piense seriamente cuáles son los huecos de tiempo libre de que dispone. Sea flexible, pero planifique un calendario de ejercicios que dé resultado. Media hora tres veces por semana obrará maravillas.

Objetivos a corto plazo

Si tiene una talla 12, es poco realista pretender llegar a una talla 6 en seis semanas. El mero deseo no hace que las cosas sucedan. Tampoco es razonable plantearse perder una talla cada dos semanas; lo más probable es que termine decepcionada. Usted necesita proponerse prudentes objetivos a corto plazo que le permitan alcanzar la línea de llegada.

Cuando comience a practicar ejercicios, observará resultados inmediatos para luego estancarse durante algún tiempo. Cuando esto suceda, ajuste su objetivo de modo que refleje la realidad: por ejemplo, mantener lo logrado hasta ese momento. Aténgase al programa aunque no vea resultados. Cuando su cuerpo comience a registrar sus esfuerzos nuevamente, propóngase otro objetivo. Mientras tanto, su meta debe ser sostener el progreso que ya ha conseguido.

Ejemplo 1

Objetivo a largo plazo:
Correr 3 kilómetros sin perder el aliento.

Objetivo a corto plazo:
Correr 800 metros sin perder el aliento.

Plan de acción:

Semana 1:
5 minutos de cinta de correr, 3 veces por semana.
800 metros de caminata, 3 veces por semana.

Semana 2:

5 minutos de cinta de correr.

800 metros de caminata y trote.

Semana 3:

10 minutos de cinta de correr.

800 metros de trote.

Semana 4:

Evaluar cómo se siente después de correr 800 metros.

Mantener dicho nivel hasta que logre correr sin sentir que se queda sin aliento.

¿Cuál es su siguiente objetivo a corto plazo?

Ejemplo 2

Objetivo a largo plazo:

Alcanzar un buen estado aeróbico.

Objetivo de la semana 1:

- Ponerse de acuerdo con un amigo que tenga un objetivo similar y confeccionar un plan serio y realista.
- Caminar enérgicamente durante 30 minutos, 3 veces por semana, durante las primeras dos semanas.

Objetivo de la semana 3:

- Mantener el plan de caminatas.
- Agregar 10 minutos de bicicleta o cinta de correr.

Objetivo de la semana 5:

- Caminar 20 minutos, 3 veces por semana.

- Aumentar 20 minutos de bicicleta o cinta de correr.

- Evaluar el programa: ¿Cómo estoy rindiendo? ¿Quiero mantener este nivel de ejercicios?

  Si quiere aumentarlo, elija para la semana 7 el objetivo (A).

  Si quiere mantener su actual nivel, elija el objetivo (B).

Objetivo de la semana 7 (A):

- Caminar 20 minutos, 3 veces por semana.

- Aumentar el tiempo de bicicleta o cinta de correr a 30 minutos.

Objetivo de la semana 7 (B):

- Mantener mi nivel actual de actividad durante otras dos semanas.

Test de autoevaluación

- Objetivo a largo plazo. En seis meses quiero lograr:

- ¿Cuánto tiempo puedo dedicarle razonablemente cada día?

  (Marque con "0" los días en los que no planea ejercitarse.)

  Lunes: ☐   Martes: ☐   Miércoles: ☐   Jueves: ☐

  Viernes: ☐   Sábado: ☐   Domingo: ☐

- ¿Qué ejercicios quiero hacer? (Ver página 66)

- Quiero lograr los siguientes objetivos a corto plazo:

➔ **Semana 1**

Plan de acción: _____

_____

➔ **Semana 3**

Plan de acción: _____

_____

➔ **Semana 5**

Plan de acción: _____

_____

➔ **Semana 7**

Plan de acción: _____

_____

Lograr su objetivo no será sencillo ni sucederá de la noche a la mañana. El primer paso es comprender que desarrollar un hábito de ejercicios requiere tiempo. La mayoría de nosotros somos perezosos, así como solemos ser cobardes a la hora de visitar al dentista, darnos vacunas o soportar los procedimientos más invasivos en nombre de la salud. *No se rinda cuando le parezca que está fracasando.* Reconozca su mérito por intentarlo. Analice por qué no obtuvo los resultados esperados. No piense de manera global. No lo ayudará decir "Nunca he sido capaz de hacer ejercicio". En cambio, sea específico. Si se ha quedado dormido a pesar de haber puesto el reloj despertador media hora antes para hacer ejercicio, piense en sus opciones. Por ejemplo, podría:

- Comprar un reloj despertador más ruidoso.

- Quedar de acuerdo con un amigo, su cónyuge, o alguien especial que lo arrastre fuera de la cama para hacer ejercicio.

- Hacer ejercicio a otra hora.

La única opción que no puede permitirse es la de rendirse.

PARA REFLEXIONAR

Caminar es el mejor ejercicio posible.

Thomas Jefferson

Motivación

Preguntamos a nuestros amigos qué hacen para ejercitarse y descubrimos que las respuestas son tan individuales como las huellas dactilares. Todos tienen métodos personales para mantenerse en forma y diversas estrategias para no rendirse. Poseen sus propios objetivos, sus sueños y sus decepciones. Las personas que entrevistamos no son atletas. Para ellas, hacer ejercicios es un desafío y una lucha. Todas nos dieron perspectivas interesantes acerca de qué las motiva, de sus observaciones y sus esfuerzos por superar sus obstáculos mentales y físicos.

Ni una sola persona nos dijo que el ejercicio no valía la pena, y nadie dijo que fuera sencillo.

Tengo una relación de amor-odio con el ejercicio. Mi madre es sedentaria y mi padre no está muy seguro de lo que quiere hacer.

Creo que lo que me impedía hacer ejercicio era un tema psicológico. ¡Es tan extraño! Supongo que tiene que ver con seguir siendo un bebé gordo, porque de esa manera me siento unida a ellos, y hace que siga siendo "bebé". Pero si de pronto perdiera el peso que quiero, y comenzara a salir y a vivir realmente, entonces me separaría de mi familia; y en cierto modo eso me provoca ansiedad. Pero estoy trabajando en ello.

Quiero salir y llevar una vida activa; siempre me siento mejor cuando lo hago. Estoy comenzando a lograrlo y sé que es un cambio importante en mi vida. Eso está muy bien, porque tengo cuarenta y cuatro años ¡y ya era hora!

(Bernice, cuarenta y cuatro años)

Su perfil de ejercicios

A. Historia

1. ¿Solía hacer ejercicio cuando era niño?   Sí ☐   No ☐
Si la respuesta es *Sí*, ¿qué tipo de ejercicios?

2. ¿Existe algún deporte que hubiera querido practicar y nunca lo hizo?

3. ¿Practican ejercicios otros miembros de su familia?_____Sí ☐   No ☐
Si la respuesta es *Sí*, ¿qué tipo de ejercicio(s)?

4. ¿Qué mensaje le dieron sus padres acerca de hacer ejercicio?

5. ¿Hacía ejercicios cuando era adolescente? Sí ☐ No ☐
Si la respuesta es *Sí*, ¿qué tipo de ejercicio(s)?

A los veintiún años, comencé con entrenamiento de fuerza muscular y calistenia, y, alrededor de los treinta, empecé con ejercicios aeróbicos. En la actualidad, hago una combinación de caminata y trote. Trato de aumentar el trote todo lo posible cada semana y cada mes, hasta llegar a un máximo de cuarenta minutos diarios. Me gustaría ejercitarme cinco veces a la semana, pero generalmente sólo puedo hacerlo tres veces, debido a mis horarios.

Mi motivación es, especialmente, saber que el ejercicio es una de las pocas cosas que eleva mi colesterol bueno, mi HDL. También me motiva el deseo de verme bien, y me digo que necesito mantenerme en forma y utilizar toda mi energía.

(Peter, cincuenta y cinco años)

Su perfil de ejercicios

B. Actividad física

1. ¿Hace ejercicio? _____ Sí ☐ No ☐
(Las caminatas enérgicas se consideran como ejercicio.)
Detalles: _____

_____

_____

2. ¿Cada cuánto hace ejercicio?

☐ Semanalmente ☐ Diariamente ☐ Algunas veces

Detalles: _____

_____

3. ¿A qué siguiente nivel le gustaría llevar su práctica de ejercicios?

Me gustaría comenzar. _____ ☐

Me gustaría avanzar. _____ ☐

Me gustaría mantener mi nivel actual. _____ ☐

Detalles: _____

_____

4. ¿Suele ir a algún gimnasio?_____ Sí ☐ No ☐

5. ¿Hay alguna actividad que le gustaría comenzar a practicar, pero no lo hace porque usted es demasiado vergonzoso o tímido? _____ Sí ☐ No ☐

Detalles: _____

_____

PARA REFLEXIONAR

Beber una botella de agua de 500 cm^3 es una sencilla manera de parecer un deportista.

Elección de un gimnasio

Elegir un gimnasio es algo muy personal. Algunas personas se sienten llenas de energía en lugares de alto perfil que proporcionan música ambiental y un bar donde sirven capuchinos. Disfrutan vistiendo prendas elegantes y siendo parte de un grupo dinámico. Para otros, en cambio, esto resulta intimidante y una pérdida de dinero.

Judith se asoció a un gimnasio elegante cuyas cuotas eran elevadas, y asistió exactamente dos veces en todo el año. Más tarde, descubrió un gimnasio de la YWCA (Asociación de Jóvenes Cristianas) cerca de su casa, que ofrecía todas las actividades a un precio razonable. Es sencillo y tranquilo, e incluso una persona contraria al ejercicio como Judith se siente cómoda allí. Antes de desprenderse de cientos de dólares en un gimnasio, hágase las siguientes preguntas:

☞ ¿Es accesible el gimnasio? Si intenta comenzar un programa de entrenamiento, elija un lugar que esté cerca de su casa. Será más fácil encontrar una excusa para no asistir si le lleva mucho tiempo trasladarse hasta él.

☞ ¿Ofrece el gimnasio programas que se adecuan a su nivel de entrenamiento? No se deje engañar por la publicidad. Recuerde que no importa lo modernos que sean los aparatos, si usted está demasiado débil o se siente intimidado para usarlos.

☞ ¿Se siente cómodo en el gimnasio? ¿Pasaría por allí si tuviera una hora libre?

☞ ¿Necesita comprarse un nuevo guardarropa para sentirse cómodo en el gimnasio? Si es así, ¿realmente quiere hacerlo? Si bien es cierto que para cierta gente constituye un incentivo, para otros es una excusa para no asistir. El "no tengo qué ponerme" no es válido para las prendas de ejercicio.

☞ ¿Ofrece el gimnasio una cuota mensual o por períodos cortos? ¿Es flexible? Los gimnasios ganan mucho dinero gracias a la multitud de personas que hacen sus "resoluciones de Año Nuevo". Desafortunadamente, no es posible sobornar el cuerpo pagando más de dos mil dólares, sin usar las prestaciones del gimnasio.

PARA REFLEXIONAR

Caminar es un ejercicio excelente. A los cincuenta y cinco años, mi abuela comenzó a caminar 2,5 kilómetros diarios. Ahora tiene cien años... y no tenemos idea de dónde pueda estar.

Robert B. Reich

Cuando era adolescente, no hacía ejercicios. Comencé a hacerlo seriamente después de dar a luz a mi segundo hijo, hace veintiún años, cuando tenía treinta y dos. En la actualidad, soy una corredora de gran dedicación. Corro entre cuatro y cinco veces a la semana y completé mi primera Maratón de Nueva York en 1998.

Me gusta estar delgada y poder comer mucho, sin necesidad de preocuparme por las calorías. La vanidad tiene mucho que ver en esto. Me gusta el resultado que obtengo al correr: una versión más joven, enérgica y delgada de mí misma.

(Barbara, cincuenta y tres años)

Su perfil de ejercicios

C. Importancia de la vanidad

1. ¿Le gusta cómo se ve?

2. ¿Cómo le queda la ropa?

3. ¿Qué es lo que más le gusta de su cuerpo?

4. ¿Qué es lo que menos le gusta de su cuerpo?

5. Teniendo en cuenta su tipo de cuerpo, ¿cuál sería su cuerpo ideal?

> Solía ser más activa de lo que soy ahora, pero aún lo sigo intentando. Trato de caminar al menos dos o tres veces por semana. Y voy a bailar un par de horas por semana. Creo que mi amiga y yo nos alentamos mutuamente; definitivamente, no lo haría sola.
>
> *(Michele, cincuenta y cuatro años)*

> Creo que sería estupendo hacer ejercicio con otras personas; me sentiría más cómoda y menos consciente de mí misma. Creo que, definitivamente, me ayudaría a motivarme.
>
> La verdad es que hay un gimnasio en mi edificio, y de vez en cuando uso la cinta de correr. Tengo todo el equipo tan cerca de casa, que no sé por qué no lo hago más a menudo. Pero hay espejos, y los odio; detesto estar viéndome todo el tiempo. ¡Eso sí que es tener una pobre imagen de sí mismo!
>
> *(Ivonne, cuarenta y seis años)*

Espejo, espejito, ¿eres la causa de mi ruina?

Por lo que más quiera, no se mire en el espejo mientras hace ejercicio. Es la manera más fácil de descorazonarse. Así se construye el círculo vicioso:

- No me gusta cómo me veo.
- Estoy haciendo ejercicio para que me guste cómo me veo.
- No me gusta cómo me veo cuando hago ejercicio.

Para mantenerse, el tejido muscular consume más calorías que la cantidad equivalente de grasa. Cuanto más desarrollados tenga los músculos, más podrá comer sin subir de peso.

Su perfil de ejercicios

D. Rituales

1. ¿Hay alguna(s) persona(s) con la(s) que le gusta hacer ejercicio?

2. ¿Existe algún lugar en especial en donde disfrute haciendo ejercicio?

3. ¿Le gusta hacer alguna actividad en especial antes y después de ejercitarse?

4. ¿Le gusta vestir alguna prenda o ropa en especial que lo(a) hagan sentir particularmente cómodo(a), o *sexy*, o atlético(a), o en forma?

5. ¿Le gusta comer algo en especial antes o después de hacer ejercicio?

PARA REFLEXIONAR

El hábito simplifica los movimientos que se requieren para lograr un resultado en particular, los vuelve más exactos y disminuye la fatiga.

William James, *The Principles of Psychology*
(Los principios de la psicología)

Una cucharada de azúcar

Es necesario tener un truco. Si usted creció en un hogar donde las actividades físicas eran tan normales como cepillarse los dientes, entonces puede saltearse esta parte.

Para todos aquellos que crecieron en hogares donde dar la vuelta a la esquina se consideraba una actividad agotadora, resulta de ayuda realizar actividades placenteras junto con el ejercicio; éstas actúan como refuerzos positivos.

Haga del ejercicio una parte de su vida, rodeándolo de experiencias placenteras. Cubra su agonía con azúcar. Aquí van algunas sugerencias para empezar:

☞ Haga ejercicio con alguien que realmente le guste, o forme un grupo con otros amigos que también estén intentando comenzar una rutina de ejercicios. Conviértalo en un acontecimiento social.

 Si va al gimnasio solo, haga vida social con las personas que encuentre allí. Es más divertido hacer ejercicio con gente que conoce, y así podrán alentarse unos a otros cuando la marcha se ponga difícil.

 Aun si no le gusta oír música cuando se ejercita, escuche unos momentos de música energizante, antes de comenzar, para ponerse en ritmo.

 Dese el gusto de comer un postre de bajas calorías al final de cada sesión de ejercicios. Conviértalo en un ritual.

 Regálese un masaje. Es ideal para los músculos doloridos y hará que se sienta estupendamente después.

 Cómprese un regalo cuando logre una meta.

Guarde una prenda de vestir que le recuerde cómo se veía en el momento en que estaba más fuera de forma o con más sobrepeso. Vuelva a ponérsela cuando se estanque y necesite ánimo. Eso le recordará cuánto ha conseguido.

Diversifique

Si se siente aburrido, ¡sea versátil! Haga una lista con todas las cosas que querría hacer. Mencione un amigo o un compañero de la universidad con el que le gustaría compartir la actividad. Piense en un plan realista. Por ejemplo, si su lista incluye natación, patinaje sobre hielo, ciclismo y trote, puede proponerse nadar en verano, hacer ciclismo en primavera y patinaje sobre hielo en invierno. Puede optar por el trote como actividad de mantenimiento, pero sin ir más allá del ritmo que lo haga sentir cómodo.

> ¿Qué me motiva? Tengo conversaciones periódicas con la muerte. Imagino que si puedo mantenerme en forma, ella pensará que soy joven y, básicamente, me dejará en paz durante un tiempo.
>
> *(Gregory, cuarenta y un años)*

> Voy al gimnasio cinco días por semana. Mi motivación es que quiero verme joven. Siempre intento dedicarle tiempo, antes o después del trabajo. Detesto la idea de descuidar mi cuerpo. Detesto la idea de envejecer, así que hago ejercicio porque me permite pensar que siempre seré joven. Verdaderamente, me siento como si tuviera veinticinco años. Realmente lo pienso así.
>
> *(Helene, cuarenta y seis años)*

¡Comience despacio! Dedique treinta minutos, dos veces por semana, durante las primeras semanas. Dese tiempo para progresar.

Confesiones de un loco por el ejercicio

por Steve Estrine

De niño era tan gordo, que hacer ejercicio físico era casi imposible. Recuerdo que me quedaba a la entrada del patio escolar, viendo cómo los otros niños jugaban a la pelota, y lloraba porque era demasiado gordo para trepar el cerco y jugar con ellos.

En las clases de gimnasia de la escuela secundaria, teníamos que trepar por una cuerda hasta el techo. Yo estaba tan obeso, que no podía siquiera pasar mis piernas alrededor de la cuerda. Además, no tenía fuerza en la parte superior del cuerpo, así que me resultaba imposible arrastrar mi peso hacia arriba. Y para empeorar las cosas, tenía pánico a las alturas. Temía que, si lograba llegar hasta allá arriba, me vendría abajo y me mataría. Era una experiencia humillante.

Cuando era estudiante de segundo año, me apareció un coágulo sanguíneo en el cerebro y tuve que ser hospitalizado de urgencia. Me hicieron dos agujeros en el cráneo y, como consecuencia, mi equilibrio quedó permanentemente afectado. Pero también eso hizo que dejara las clases de gimnasia. Recuerdo que pensé que podían hacerme todos los agujeros que quisieran, siempre que no tuviera que volver a subir por la cuerda. En la universidad hice natación, y lo odié todo el tiempo.

Al completar todas las clases obligatorias de gimnasia, evité el ejercicio como si fuera una plaga, hasta que cumplí treinta años, y mi doctor me convenció de que me uniera a una asociación juvenil local.

Intenté jugar básquet y voleibol, pero como consecuencia de mi intervención en el cerebro no me iba nada bien. Entonces probé con atletismo en pistas cubiertas. Maravilloso. No debía trepar por cuerdas, ni helarme en una piscina, ni pasar vergüenza en una cancha de tenis. Lo único que tenía que hacer era mover los pies.

Llegaba a la pista y me encontraba con mujeres atractivas, y corría detrás de ellas. Después de un tiempo, podía mantener el ritmo de los corredores más rápidos. Me sentía estupendo. Un día, me di cuenta de que corría un kilómetro y medio, y así seguí durante casi un año, hasta que descubrí que podía correr tres. Teniendo en cuenta mis comienzos, no había duda de que se trataba de un verdadero logro.

Un día se me ocurrió que si ya había pasado de un kilómetro y medio a tres, también podría llegar a correr cuatro kilómetros. Y como siempre había mujeres distintas en la pista, seguí corriendo como una gacela.

Hoy puedo decir (con un poco de asombro y un toque de orgullo) que soy un atleta. Soy un hombre de cincuenta años con dos agujeros en la cabeza y un problema de equilibrio que me impide montar en bicicleta o jugar a la rayuela con mi hija. No sé nadar y no me acerco a una pelota de básquet. Pero puedo correr.

Cuando llegué a los cincuenta años, vi a un grupo de maratonistas de Nueva York que volvían cojeando a casa y me dije: puedo hacer eso. Pero cuando imaginé lo que sería correr 42 kilómetros, me aterroricé. Me imaginé a mi madre diciéndome: "¿Estás loco? ¿Quieres caer rendido al suelo?"

Convencí a Judith para que corriera la maratón conmigo. Pensé que si tenía un ataque al corazón, ella podría llevarme al hospital. Fue una hermosa experiencia. No caí rendido al suelo y, desde entonces, he participado en siete maratones. Mi objetivo es convertirme en el maratonista más viejo de Estados Unidos. Quiero correr la Maratón del Cuerpo de Marines a los 120 años. Quiero ser un modelo para la población con más de 100 años.

Nuestros padres envejecen

Parece que, de la noche a la mañana, nuestros padres hubieran envejecido. Nos necesitan como nunca pensamos que lo harían. En una extraña inversión de papeles,
descubrimos que somos nosotros los que nos preocupamos
por ellos. Se nos pide que tomemos decisiones sobre asuntos en los que no habíamos pensado antes. De pronto, com-
prendemos que nuestros padres no son inmortales. Y eso
significa que nosotros, tampoco.

Cuando mi madre estaba en el hospital, solíamos caminar juntas. Antes teníamos la misma estatura. Pero, de

pronto, ella era quince centímetros más baja que yo, y yo la llevaba de la mano como a una niña pequeña.

(Michele, cincuenta y cuatro años)

Para reflexionar

Sus padres son adultos que han entrado en una nueva etapa de la vida. Tienen toda una vida de experiencia y conocimiento que recordar. También tienen nuevas necesidades, nuevos objetivos y nuevos deseos. Sus padres nunca serán sus hijos.

Es difícil acostumbrarse a esta nueva dimensión de nuestra vida. Con la excepción de las personas que trabajan como cuidadores profesionales, la paternidad o la maternidad es la posibilidad más cercana que hemos tenido de responsabilizarnos de otra persona. Pero nuestros padres no son nuestros hijos, ni los de ninguna otra persona. Son adultos que necesitarán diversos grados de ayuda a medida que envejecen.

¿Han notado alguna vez cómo los comediantes rebuscan material en los rincones más oscuros de sus vidas familiares? Nos divierten con historias de relaciones desenfrenadas y nos reímos a carcajadas. ¿Por qué? Porque podemos identificarnos con ellas desde una cómoda distancia. Secretamente, cada uno de nosotros se sabe de memoria los frenéticos diálogos de nuestras propias familias. Cada relación padre o madre e hijo(a) es única y, dependiendo de la clase de relación que tengamos con nuestros padres, ellos podrán venir a nosotros y pedir lo que necesitan, esperar a que usted adivine qué es lo que necesitan, o negar que necesiten algún tipo de ayuda. Saber qué ocurre en sus vidas se convierte en responsabilidad de usted.

Se volvieron más frágiles, pero se esforzaban por demostrar que todo seguía bien. Mi hermana y yo descubrimos mucho después que sufrían escasez de dinero y que mi padre no se alimentaba bien... No sé si llegó a sufrir malnutrición, pero casi al final descubrimos que se enfadaba porque mi madre reducía las porciones debido a la falta de dinero. Pero no me lo dijo hasta sus últimos momentos.

Además, cuando mi padre murió, viví un tiempo en casa. Aunque habíamos contratado a una persona para que la limpiara dos veces al mes, descubrí que mi madre no sellaba bien las bolsas de galletas y había cucarachas por todas partes. Era obvio que las cosas no habían funcionado *en absoluto* tan bien como ellos pretendían.

No sé si podríamos haber hecho las cosas de manera diferente. Eran personas difíciles. Hablábamos mucho por teléfono, pero las visitas eran escasas. Si hubiésemos pasado más tiempo con ellos en casa, quizás habríamos notado que no todo estaba bien. Pero ellos no alentaban nuestras visitas, no decían que necesitaran algo y nos mantenían a cierta distancia. Ocultaban muchas cosas, como la falta de dinero y el estado en que se encontraba la casa. Muchas, muchas cosas.

(Peter, cincuenta y cinco años)

¿Cómo poner en marcha la comunicación?

Hasta ahora, usted ha llevado su propia vida y se ha permitido un propicio descuido, pero ya es tiempo de involucrarse. Éstas son algunas sugerencias para comenzar.

☞ Llámelos por teléfono una vez a la semana y hable al menos durante un minuto. Conviértalo en un ritual.

☞ Intercambie chismes sobre alguien a quien todos detesten: familia, amigos, personajes políticos, estrellas de cine..., cualquier persona. Esto le quita presión a usted y es una gran forma de crear lazos.

☞ Convenza a sus padres de que se acostumbren al correo electrónico. Asegúrese de hacerlo usted mismo. Escríbanse mensajes todos los días. No tienen por qué ser largos; son sólo una señal de que piensa en ellos. Sea específico. Pregúnteles qué comieron en el almuerzo, qué están mirando en televisión, cómo se sienten. Cuénteles algo de su día. No tiene por qué ser algo profundo; puede ser algo tan trivial como "A mi canario no le gustan las semillas que le compré", o "No puedo encontrar un vestido que me quede bien", o "Los niños tienen gripe. Tengo poco tiempo".

☞ Invítelos a un restaurante. Si alguno de sus padres tiene problemas de visión, asegúrese de que el lugar esté bien iluminado. Si uno de ellos tiene dificultades para caminar, asegúrese de que los baños estén en el mismo nivel que el comedor, y que el restaurante se halle en una planta baja.

☞ Recuerden los viejos tiempos, mientras disfrutan de antiguas fotos familiares. Pero asegúrese de que sean *realmente* antiguas, para evitar hablar de los conflictos actuales.

☞ Cómpreles algo que necesitan pero que no le han pedido.

☞ Envíeles cartas, fotografías, postales o artículos interesantes de periódicos y revistas.

☞ Si vive cerca de ellos, visítelos a menudo, aunque sea unos pocos minutos. Si vive lejos, consiga el número telefónico de un amigo o un vecino de sus padres y establezca una relación telefónica. Mantenga este contacto para estar al tanto de cualquier cambio que se produzca en la vida de sus padres y para que puedan llamarlo en caso de una emergencia.

☞ Si hace tiempo que tiene un conflicto o un malentendido con sus padres, tráguese el orgullo y haga las paces. ¡La vida es demasiado corta para arrastrar un equipaje tan pesado!

☞ Pídales consejo o ayuda en temas en los que sepa que aún pueden colaborar. Piense en cómo puede transformarlo en un triunfo para ellos.

Recuerde que no podrá saber lo que piensan, necesitan o desean sus padres hasta que se acerque a ellos. Sus padres no podrán contárselo a menos que sepan que usted está escuchando. ¡Hable con ellos! Escuche lo que tengan para decir.

Voy a Florida una vez al año y paso unos aburridos días junto a una piscina. Mis padres son muy independientes. Voy a visitarlos porque me siento culpable. Sé que en algún momento tendré que tomar ciertas decisiones por ellos. Ya lo he aceptado.

Todavía hay momentos en los que mi madre me trata como a una niña. Esa parte no ha cambiado. Pero creo que lo llevo un poco mejor ahora que soy mayor. Tuvieron un accidente en Florida y me quedé con ellos durante un tiempo. Fue extraño darme cuenta, de pronto, de que estas personas que habían tenido tanto poder sobre mí, tanto física como emocionalmente, ahora dependían de mí.

(Olivia, cuarenta y seis años)

Las señales de envejecimiento en mis padres... son complicadas. La salud de mi madre se ha quebrantado y ahora está muy frágil. Nunca había estado así. Mi padre está físicamente fuerte, pero emocionalmente más caprichoso que antes.

Soy lesbiana y creo que tengo un papel único entre mis hermanos, porque nunca he acudido a mis padres por mis problemas. No tenía nada que contarles o sabía que estarían en contra de lo que estaba haciendo. Así que nunca estuve a la espera de consejos, ni los agobié con mis problemas.

En consecuencia, he descubierto que mi madre me confía cosas que no le cuenta a mis hermanos. Conmigo puede quejarse de mi padre y contarme muchas de sus preocupaciones. Sabe que eso no me molestará. Creo que también confía en mis opiniones. Supongo que se siente reconfortada al poder confiar en mí y así sucede la mayor parte del tiempo. Así que dejo que se sienta aliviada al contarme sus cosas, como si lo hiciera con un terapeuta.

(Maggie, cuarenta y nueve años)

¿Cómo puede ayudar a que sus padres se reorganicen?

●◆●

PARA REFLEXIONAR

El envejecimiento es una oportunidad
igual que la juventud, pero con otro vestido.

Henry Wadsworth Longfellow, *Morituri salutamus*

Es posible que sus padres necesiten que usted los anime para hacer cambios en su vida. Es posible que se sientan avergonzados o les falte confianza para admitir que, en lo profundo del corazón, les gustaría ir a un gimnasio, o pintar acuarelas, o anotarse en un curso de literatura francesa. Es posible que no conozcan las oportunidades de educación para adultos que existen en su comunidad, o los lugares para enseñar a gente más joven alguna de las habilidades que han adquirido a lo largo de los años. Es posible que necesiten el apoyo de una persona más joven. Usted.

Cuando Steve nació, su madre ya era mayor, y murió cuando él tenía sólo treinta y seis años. Era una mujer brillante, ambiciosa y muy competitiva, pero no pudo ir a la universidad cuando era joven. Por eso, después de jubilarse, se anotó en cursos universitarios. Steve estaba haciendo su doctorado en Utah y solía recibir exultantes cartas de ella, diciendo cosas como: "Obtuve una A en inglés; si la memoria no me falla, tú habías obtenido una B."

Murió tranquilamente mientras dormía, a los setenta y nueve años, con la certeza de que su hijo tenía un doctorado, pero ella era mejor estudiante.

Ayude a sus padres a reorganizarse en esta nueva etapa de sus vidas. Ayúdelos a acceder a los recursos que ofrece la comunidad a los adultos mayores. Por ejemplo:

- una iglesia o una sinagoga;
- un programa de voluntariado en una escuela o en un hospital;
- un gimnasio (algunos suelen ofrecer grandes descuentos para personas mayores de 65 años);
- una asociación local que brinde servicios recreativos.

Ayude a sus padres a relacionarse con las organizaciones nacionales cuya función es apoyar a los adultos mayores para que disfruten plenamente de la vida.

Otoño de amor

PARA REFLEXIONAR

El amor joven viene de la tierra;
el amor maduro viene del cielo.

Proverbio turco

Las noticias no pueden ser más inquietantes: el 10 % de los casos declarados de sida en los Estados Unidos se producen en personas mayores de 65 años, y existe un aumento del virus del sida entre mujeres adultas mayores. El lado positivo de este hecho aterrador es la prueba irrefutable de que los ancianos están disfrutando de su vida sexual a los setenta, ochenta y aun más años. Otra fantasía acerca de la vejez que resulta derrotada. Ahora tendremos que aceptar que es posible que nuestros padres quizás tengan felizmente una vida amorosa.

Si está buscando residencias con servicios de atención para sus padres, averigüe si tienen habitaciones privadas para parejas. Las residencias que no reciben subsidios federales no están obligadas por ley a respetar la privacidad de sus residentes, y es posible que se aloje a los matrimonios en alas separadas. Se supone que a los adultos mayores ya no les interesan el amor y el sexo.*

---

* Los autores hacen referencia a la situación en los Estados Unidos.

Si su madre o su padre viven solos, existe la posibilidad de que practiquen sexo con una o más parejas. Si sabe que su progenitor practica sexo con más de una pareja, o si su padre paga por tener sexo, es importante que le consiga información acerca del sexo seguro.

En ocasiones, puede suceder que uno de sus padres se sienta lo suficientemente desesperado para comentar un problema sexual con usted. Tómelo como un cumplido por la confianza depositada, pero no sienta la obligación de comportarse como un especialista. Trate la información con respeto y confidencialidad. Permítase sentirse incómodo y ofrézcase a ayudarlo buscando un geriatra que pueda escucharlo y ofrecerle alternativas médicas o psicológicas razonables.

En su inspirado libro *Love and Sex After Sixty* (Amor y sexo después de los sesenta), el doctor Robert N. Butler y la trabajadora social Myrna Lewis analizan los desafíos médicos y psicológicos del amor sexual en los últimos años de la vida. Le recomendamos que lo lea y, si le parece apropiado, lo comparta con su padre o su madre.

Imagínese usted a los setenta y ocho años: saludable, lleno de energía, y con ganas de seguir disfrutando de una vigorosa libido. La generación de la explosión demográfica creó el verano del amor. Quizás seamos románticos incurables, pero creemos que el otoño del amor puede ser igualmente excitante y, a su modo, también satisfactorio.

Aspectos prácticos

Cuando nuestros padres se vuelven frágiles, a veces resulta difícil saber qué hacer. Preguntamos a dos médicos especialistas en cuidado de adultos mayores cuáles eran los temas esenciales a los que deben enfrentarse los hijos con padres ancianos.

La doctora Linda Brady es directora médica de neurología y psiquiatría en el Centro Médico Judío de Kingsbrock en Brooklyn (Nueva York). El doctor Gabe Koz es profesor clínico de psiquiatría en la Facultad de Medicina de la Universidad de Nueva York.

→ **¿Cómo podemos evaluar la capacidad de nuestros padres para seguir viviendo de manera independiente, y cómo podemos ayudarlos a permanecer independientes?**

Lo primero es hacerlo con amor. Los hijos arrastran mucha carga de la relación previa con ellos; pero si hay verdadero amor y preocupación, encontrarán la manera de ayudar a sus padres.

1. *Manténgase alerta frente a una pérdida significativa de peso o cambios en el apetito.*

La pérdida de peso puede ser la señal de diferentes problemas en su padre o su madre.

- ¿Se encuentra en mal estado su dentadura, y por eso ya no puede masticar y comer como lo hacía antes?
- ¿Se encuentra deprimido(a)?
- ¿Tiene alguna restricción alimenticia que le impide consumir sal? En ese caso, es posible que necesite buscar un sustituto adecuado para hacer que la comida sea más apetitosa.
- El sentido del gusto y el del olfato cambian con el tiempo, y es posible que a algunos ancianos los alimentos les resulten menos placenteros.
- Es preciso que examine si se ha producido un cambio en la manera de preparar los alimentos. Por ejemplo,

si uno de sus padres ha muerto, y era él o ella quien cocinaba, es probable que la pareja superviviente no sepa preparar las comidas.

- ¿Existen limitaciones físicas o mentales que le impidan cocinarse su propia comida? (Una mujer que cocinaba mucho se volvió olvidadiza. Por ejemplo, olvidaba utilizar ingredientes, por lo que la comida sabía horrible y ella no la comía.)

Sugerencias

→ Pida un servicio de comidas a domicilio o encárguelas en algún restaurante cercano.

→ Asegúrese de que sus padres cuenten con dinero suficiente para poder comer fuera de casa.

→ Asegúrese de que el refrigerador esté bien surtido. Pida a otros miembros de la familia que les lleven comida cuando vayan a visitarlos. Los padres podrán decir "¿Para que me traes tanta comida? No puedo comer todo eso", pero la comida se guarda en el *freezer* y, de alguna manera, se come.

→ Pida refuerzos para mantenerse informado. La compañía de un nieto o una nieta que caen por casa para charlar un rato o para comer con sus abuelos suele dar resultados, y ésta es una buena manera de que los jóvenes colaboren con la familia.

2. *Observe la habilidad de sus padres para moverse dentro de casa. ¿Está la casa acondicionada para que se desplacen por ella sin inconvenientes?*

- ¿Tiene alguno de sus padres dificultades con las escaleras?
- El cuarto de baño ¿es accesible?

- Si el lavadero se encuentra en el sótano, ¿son peligrosos los escalones?

- Si sus padres viven en una casa, ¿el cuarto de baño y el dormitorio se encuentran en el mismo piso?

Sugerencias

→ Los muebles pequeños, como las mesitas de centro, son decorativos pero peligrosos, porque es fácil tropezar con ellos.

→ Las alfombras deben estar fijadas correctamente al piso.

→ También resulta conveniente contar con diversos lugares en toda la casa para que sus padres puedan descansar. Por ejemplo, si coloca una silla junto a la cama, sus padres podrán sentarse para ponerse las medias. Para ciertos ancianos, resulta casi imposible ponerse las medias mientras están de pie.

→ Observe dónde guardan sus padres la ropa y otros artículos. ¿Necesitan estirarse para alcanzarlos? ¿O ponerse de puntillas? ¿O doblarse? Imagine de qué manera puede compensar las limitaciones físicas.

→ Si sus padres son receptivos, puede contratar a una persona para que se encargue de la limpieza y las compras.

3. *Pérdida de visión*

Debe estar atento. ¿Alguno de sus padres está...

- ... entrecerrando los ojos para ver?

- ... leyendo menos que antes?

- ... tropezándose con cosas o llevándoselas por delante?

- La percepción de la profundidad de la visión también es importante. Puede corregirse fácilmente con anteojos pero, de todos modos, debe tenerse en cuenta cuando alguien se cae con frecuencia.

Sugerencia

→ Acompañe a su padre o a su madre a un examen de la vista y ayúdelos a elegir los anteojos adecuados.

4. *Pérdida de memoria*

Los olvidos se vuelven inaceptables cuando comienzan a interferir con la habilidad de sus padres para desenvolverse. Es obvio que si no vive con ellos, y se encuentra lejos, le será más difícil controlar la situación. Necesitará visitarlos a menudo y observarlos con regularidad para poder determinar si la pérdida de memoria constituye un problema.

Por ejemplo, si está tratando de evaluar el estado de su madre, deberá preguntarse:

- ¿Se encuentra aseada?
- ¿Cómo está vestida? ¿Resulta apropiado lo que usa en ese momento?
- ¿Se viste como siempre lo ha hecho y se ve tan bien cuidada como de costumbre?
- ¿Cómo está la casa?
- ¿Nota que hay ollas quemadas porque olvida apagar el fuego?
- ¿Se ha perdido alguna vez?
- ¿Le han comentado los vecinos que suele salir de casa y se olvida de las llaves o deja la puerta abierta, o ambas cosas?

Éstas son las señales de las que debe preocuparse, puesto que están involucrados la seguridad y los problemas de desenvolvimiento funcional de sus padres.

5. Cambios en el estilo de vida

Es normal que nuestro estilo de vida cambie a lo largo de los años. A medida que envejecemos, todo se vuelve más lento, y nuestros intereses cambian. No puede imponer sus propios valores, y es necesario poseer un cierto nivel de tolerancia.

La gente dice: "Mi madre solía ser divertida, se movía por todos lados y se interesaba por todo; ahora está más lenta e introvertida." Eso no es necesariamente algo malo. Los parámetros tienen que ser amplios, y debemos dejar que nuestros padres cambien y se desarrollen de manera diferente de la que nosotros quisiéramos.

Por lo general, los hijos necesitan lograr un nivel de aceptación. Es necesario que tengamos en cuenta nuestros propios sentimientos acerca de lo que vemos. Pero también debemos hacer concesiones respecto de los cambios que se producen con la edad.

PARA REFLEXIONAR

Las cosas no cambian; lo hacemos nosotros.

Henry David Thoreau, *Walden*

¿Y qué sucede con la conducción de vehículos?

Conducir es un símbolo de independencia, de autonomía, de adultez. Resulta doloroso prohibirlo, pero la seguridad es más importante. Esté alerta ante posibles accidentes menores, si éstos se producen con más frecuencia que la esperada. Comprenda que su posición es complicada. Y no hay una manera fácil de llevarlo a cabo.

La mayoría de los estados requieren una visión de 20/40 en cada ojo para conceder una licencia de conducir sin restricciones. Ciertos estados permiten a sus residentes con visión limitada que conduzcan con una licencia restringida, es decir, que lo hagan por calles locales o sólo durante el día. Averigüe cuáles son las leyes vigentes en su estado.*

Sugerencias

➔ Siéntese con su padre o su madre y trate de llegar a un acuerdo con él o ella.

➔ Trate de involucrar al médico de la familia. Él representa una figura de autoridad. La opinión de un médico, a diferencia de lo que sucede con la de un hijo, se aceptará como objetiva.

➔ Desafortunadamente, es posible que con el tiempo deba optar por llevarse las llaves del automóvil.

---

* Los autores se refieren al ámbito de los Estados Unidos, pero la recomendación es válida para los diferentes países y sus estados o provincias (N. de E).

Para compensar esta pérdida, sea creativo:

→ Si las finanzas se lo permiten, abra una cuenta de crédito a nombre de su padre o su madre en un servicio de taxis locales, de modo que tengan transporte disponible cuando deseen ir de compras, visitar amigos o ir al cine.

→ Averigüe si existe transporte disponible en los centro de la tercera edad o de adultos mayores del vecindario de sus padres.

→ Pida apoyo a amigos, vecinos o familiares que vivan cerca de sus padres. Si le parece adecuado, puede contribuir para los gastos de gasolina.

Si uno de sus padres ha sido declarado legalmente ciego, es posible que tenga derecho a una exención impositiva federal. La ceguera legal significa que la mejor visión de su padre o madre no alcanza los 20/200 en los dos ojos y que su campo de visión es de 20 grados o menos. Consulte a su optometrista u oftalmólogo acerca de la documentación sobre la ceguera legal.*

¿Cómo podemos determinar si nuestros padres necesitan alguna clase de supervisión en casa? ¿Qué opciones tenemos?

El maravilloso parámetro por el que se rige la ley, y también la psiquiatría, es que todas las personas, tanto las que

---

* Ver nota de pág. 99.

sufren enfermedades mentales como las que experimentan cambios en su comportamiento, deben vivir en un espacio con las menores restricciones posibles para poder sentirse cómodos, seguros y, es de esperar, felices.

Por supuesto, es necesario evaluar la situación, y en esos casos, los juzgados, los jueces y la misma sociedad tienden a cometer el error de intentar dejar a la persona en la mayor libertad posible. Pero, normalmente, llega el momento en que su incapacidad para desempeñarse se vuelve evidente para la comunidad o la familia. La persona puede comenzar a vagar por la noche, o ser incapaz de mantenerse aseada o de alimentarse adecuadamente. Es entonces cuando la seguridad personal se vuelve una preocupación.

1. Asistencia física

Mucha gente desea permanecer en su casa, y existen diversos modos de ayudar a que sus padres mantengan un grado razonable de independencia al mismo tiempo que se refuerza su seguridad. Es posible que sus padres necesiten que se los vigile más de cerca.

➔ Disponga una supervisión periódica: tanto la exterior que pueda realizar un acompañante u otra persona que realice una limpieza general, como la de un miembro de la familia que los visite a menudo para asegurarse de que sus padres coman adecuadamente, y que estén aseados y bien vestidos.

➔ Sus padres pueden permanecer en casa con algún tipo de apoyo interno. Dicha asistencia puede variar desde un acompañante sanitario que los cuide un par de horas al día hasta un asistente de tiempo completo que viva con ellos.

2. Estado emocional

Otro factor para considerar es el estado psicológico de sus padres.

→ Si aparecen signos de alarma, es hora de consultar opiniones ajenas. Las personas que vean con frecuencia a su padre o a su madre estarán en condiciones de observar cualquier actitud extraña.

→ Si existen motivos para preocuparse seriamente, es preciso consultar con un médico clínico con experiencia en el trabajo con ancianos. El médico examinará a su padre o su madre, y descartará un gran número de posibilidades. Una enfermedad física, como la hipertensión o la diabetes, puede provocar deterioro mental. Si la enfermedad se diagnostica y trata correctamente, su padre o madre podrá recuperar un alto nivel de actividad.

→ Si uno de sus padres está muy deprimido o se siente desanimado, es importante que solicite un examen mental. Una buena manera de comenzar es con un trabajador social o con un psicólogo. Pero si la angustia emocional se vuelve muy grave, y su padre o madre precisa medicación, necesitará consultar con un psiquiatra.

¿Qué factores deben tenerse en cuenta a la hora de considerar que uno de nuestros padres viva con nosotros?

Se trata de un tema delicado. Éstos son algunos de los puntos que deberá tener en cuenta antes de tomar una decisión como ésa:

→ Padre o madre e hijo deben estar igualmente entusiasmados con la decisión.

→ La nueva forma de vida debe disponerse de modo que ofrezca cierto grado de familiaridad y comodidad para el padre o la madre.

→ ¿Cómo afectará este arreglo a su padre o madre? Es posible que lo esté alejando de su entorno familiar, y de amigos y relaciones de toda la vida. Representa un importante cambio social. Su padre o madre se volverá completamente dependiente de usted y de su familia. La ecuación cambia de forma.

→ ¿Por cuánto tiempo podrá mantener el nuevo arreglo? ¿Podrá hacerlo durante diez años, o incluso más? Debe comprender que puede enfrentarse a un largo período. Una vez que su padre o madre se haya mudado con usted, será muy difícil volverse atrás.

→ ¿Está usted preparado para mantener un cambio en el comportamiento funcional de su padre o su madre?

→ ¿Qué clase de relación tiene con su padre o su madre? ¿Influenciará la historia familiar en sus decisiones y comportamiento? ¿Está usted preparado para enfrentarse a las dolorosas cuestiones que puedan surgir?

→ ¿En qué medida la mudanza de su padre o madre afectará su relación con su cónyuge e hijos? Es posible que ellos experimenten la creciente atención hacia su padre o madre como una pérdida. En tal situación, es natural que puedan tener cosas negativas que decir acerca del nuevo arreglo. Es importante que usted y su familia reconozcan la existencia de estos sentimientos negativos y que establezcan una forma de tratarlos y resolverlos gradualmente.

Trate de establecer una diferencia entre lo que usted y sus hermanos piensan que es lo mejor para su padre o su madre, y lo que él o ella realmente quieren. Oiga, escuche y preste atención a lo que diga su padre o su madre porque, si no lo hace, las cosas pueden resultar verdaderamente desastrosas.

(Linda Brady, médica)

Crecimos en un barrio pobre de Nueva York: Hell's Kitchen (La Cocina del Infierno). Yo no veía la hora de largarme de allí, pero aquel vecindario era todo lo que conocía mi madre.

Mi hermana y yo queríamos que mi madre se mudara con ella a los suburbios. Sabíamos que nos sentiríamos mejor, que resultaría más seguro, y que de esa manera no tendríamos que preocuparnos por ella; pero mi madre sentía que moriría si tenía que mudarse a los suburbios. Dijo que se sentiría aislada al no tener acceso al transporte de la ciudad. Sabía que sería totalmente dependiente de mi hermana para moverse. Estaba acostumbrada al ajetreo de la ciudad. Nos dijo que se sentiría más asustada en los suburbios.

Pensábamos que sería lo mejor para ella, pero afortunadamente no la forzamos a mudarse. Cuando miro hacia atrás, creo que hubiera sido más fácil para nosotros, pero me alegra que mi madre se haya mantenido firme. Me alegra que no hayamos tratado de convencerla.

(Barbara, cuarenta y seis años)

No es fácil dar consejos sobre el tema. Las dinámicas familiares varían, y mucho dependen de la cultura y de los individuos involucrados. Muchas personas dirían "No hay problema" de tener un miembro de la familia viviendo con ellas, y en muchas culturas se trata de algo natural. Pero en nuestra sociedad, la gente dice "No puedo enfrentarme a esto". Y no lo harán.

(Gabriel Koz, médico)

Me cortaría las venas antes de dejar que mi madre invadiera mi vida. Sería como un asalto.

(Esther, cuarenta y cuatro años)

Nunca vendrán a vivir conmigo. Cuando llegue el momento, mamá y papá irán juntos a una residencia geriátrica.

(Jay, cuarenta y cuatro años)

Puedo imaginarme a mi madre mudándose conmigo. ¿Si me sentiría feliz? No lo sé. Creo que a mi esposa le molestaría, y tendríamos que solucionarlo. Pero no podría decir que no, ya que, además, tenemos espacio suficiente.

(Jerome, cincuenta y ocho años)

Si uno de ellos muriera, me imagino que el otro se mudaría para vivir con mi hermana. No conmigo. Ella es la que tiene paciencia.

(Howie, cuarenta y siete años)

No creo que mi madre se sentiría feliz viviendo conmigo, y no creo que yo podría soportar su depresión. En verdad, creo que necesita un ambiente donde tenga gente a su alrededor. ¿Podré convencerla para que se mude a una residencia? Quién sabe.

(Pattie, cuarenta y siete años)

Cuando llegue el momento en que mi padre ya no pueda cuidarse solo, creo que simplemente morirá. No creo que pueda resistir tener que depender de otra persona.

(Paul, cincuenta y ocho años)

Después de que murió papá, mi mamá ya no podía cuidarse por sí sola; así que mi esposa y yo le propusimos que se mudara con nosotros. Se sentía confundida y solía despertarse aterrada a mitad de la noche. Nosotros comenzamos a renunciar a nuestra propia vida, incluso contando con asistentes de tiempo completo. Pero un año después ya no podíamos seguir así, y con mi hermano acordamos que lo mejor sería que ingresara en una residencia geriátrica. Todavía me siento culpable por eso.

(Donald, cincuenta y ocho años)

Mi padre vino a vivir con nosotros cuando yo tenía cuarenta y siete años. Durante los primeros meses, resultaba muy extraño, porque de pronto estaba viviendo nuevamente con mi papá. Además, yo era la única mujer de la casa, entre mi esposo y mi padre. Me sentía inquieta tratando de complacerlos a ambos, y ya se sabe que es imposible contentar a todo el mundo. Había ocasiones en las que discutía con Sam en nuestro dormitorio porque yo estaba muy nerviosa, y todo eso afectó nuestra relación por un tiempo. Yo estaba nerviosa a causa de la relación que Sam tenía con mi padre. No siempre se llevaban bien. Los dos competían por mi atención, y yo trataba de cuidar a dos personas a las que amaba.

Siempre había un poco de tensión en casa, y me esforzaba por hacer que uno se sintiera contento con el otro.

Afortunadamente, yo trabajaba medio tiempo y tenía que salir de casa. Y, en cierto modo, resultó positivo para mi padre que Sam tuviera su consultoría en casa. Siempre había alguien con él. Aunque Sam estuviera trabajando, se hallaba en casa si mi padre necesitaba algo. Venía gente para hablar con Sam de negocios, y eso era bueno para mi padre. Creo que, finalmente, los dos pactaron una especie de armisticio. Hicieron las paces.

Mi consejo para quienes estén pensando en proponer a su padre o a su madre que se mude con ellos, es que es necesario tener suficiente espacio en casa para que se pueda mantener la privacidad. Yo tengo una casa muy grande, así que mi padre estaba instalado en el piso de abajo, en su propia habitación, con su propio cuarto de baño y una puerta que podía cerrar.

Y es necesario contar con un cónyuge muy comprensivo. Tengo una amiga cuyo padre se mudó a vivir cerca de su casa, porque el esposo no consintió en que se mudara a vivir con ellos a pesar de que tienen una casa espaciosa. Debo reconocer el mérito de mi esposo: dio la bienvenida a mi padre, aunque a veces se sentía exasperado.

Creo que fue una buena experiencia, aunque probablemente yo no la hubiera elegido. Cuando murió, sentí la pérdida y el duelo; pero había compartido diez años con él, de los cuales siete fueron muy, muy buenos. Yo diría que si tienen la oportunidad de hacerlo, no se arrepentirán. Les dejará recuerdos que no podrían atesorar de otra manera. Cuando uno se casa, deja la casa de los padres. Vamos a visitarlos los domingos, pero vivir con ellos es absolutamente diferente.

Pasamos muy buenos momentos juntos dando paseos en el verano, sentados en el jardín, y haciendo las compras. Claro que mi padre podía resultar tan exasperante como cualquiera, pero tengo los mejores recuerdos.

A la larga, tenía sentimientos anticuados respecto de mis padres. Eso es lo fundamental: él era mi padre.

(Rachel, cincuenta y nueve años)

¿Qué papel debemos desempeñar cuando uno de nuestros padres está hospitalizado?
¿Cómo podemos comprobar que está recibiendo el cuidado adecuado?

Si uno de sus padres está internado en un hospital, haga todas las preguntas que crea necesarias para comprender cuál es el problema. Si tiene algún conocido que sepa de medicina, pídale que lo acompañe cuando hable con el médico.

☞ Pregunte qué es lo que cabe esperar dada la condición de su padre.

☞ ¿Cuáles son las potenciales complicaciones de su enfermedad?

☞ ¿Existe el riesgo de pérdida de capacidad durante la hospitalización?

☞ ¿Cuáles son las posibilidades de que su padre pueda regresar a casa, o de recuperar el nivel de funcionamiento que tenía antes de ser hopitalizado?

Estas preguntas son importantes por varias razones. Las familias necesitan planificar y tomar decisiones. Cuanto antes pueda anticipar ciertos hechos específicos, mejor. Lo más probable es que, cuando termine el período de hospitalización, le corresponda a usted hacer todos los arreglos; y entonces no tendrá tiempo para pensar o tomar resoluciones acertadas.

➔ Hable con un asistente social acerca de la ayuda social disponible que pueda necesitar su padre o madre en diferentes circunstancias, así como de los posibles beneficios a los que su progenitor tiene derecho.

 Si su padre o madre necesita permanecer en el hospital por mucho tiempo, pregunte si se le proporcionará terapia física para mantener intacto el tono muscular.

 Es necesario que anime a su padre o su madre para que se levante de la cama tan pronto como sea posible.

Su padre o madre deberá recibir asistencia para caminar, a fin de evitar caídas.

Es importante movilizar a los pacientes hospitalarios ancianos, y hacer que se mantengan en movimiento y activos.

Pueden desmejorar rápidamente.

Visítelo(a) a la hora de las comidas para observar si puede comer solo o si necesita ser alimentado.

Ayude a su padre o madre a pedir su menú de comidas.

Esté alerta respecto de la pérdida de dentaduras postizas, lo cual puede ocurrir fácilmente en un entorno hospitalario.

Pregunte al personal si su padre o madre se alimenta bien, a fin de evaluar si están al tanto de su situación.

Si su padre o madre no puede moverse sin ayuda, observe si se encuentra en la misma posición cada vez que lo visita. Si el paciente no es ambulatorio, hay que hacer que cambie de posición física varias veces al día. Busque signos de enrojecimiento en la espalda y las nalgas: indican úlceras o la posibilidad de que éstas se formen.

➤ ¿Está su padre o madre aseado(a)?

➤ ¿El ambiente se encuentra aseado?

➤ Presione el timbre de llamada. ¿Responden a él con rapidez? ¿Se halla el timbre en un lugar accesible para el paciente?

➤ Su padre o madre debe encontrarse relativamente libre de dolores. En caso de que experimente alguna molestia, ¿se le atiende de manera apropiada?

➤ Si tiene preguntas acerca de la atención que recibe su padre o madre en el hospital, puede dirigirse a la supervisora de enfermeras, o a un representante de relaciones con el paciente o al director del hospital. Las familias temen que, si presentan quejas, se tome represalia con sus padres; pero esto es muy difícil que suceda. Cuanto más alto llegue en la cadena de mando, menos intimidado deberá sentirse. La gente presta atención cuando se presentan quejas ante supervisores y directivos de alto rango. Si verdaderamente siente que su padre o madre no está siendo bien atendido, repórtelo al Ministerio de Salud. Ellos tienen la obligación de investigar todas las quejas que reciben por parte de los pacientes.

Problemas especiales de los ancianos en el entorno hospitalario

Cuando las personas ancianas ingresan en un hospital, corren el riesgo de que el personal hospitalario no entienda sus necesidades. Todo se atribuye a "bueno, es la edad", en lugar de comprender que puede tratarse de un confuso estado mental o incluso de delirio. Los hospitales son ambientes muy complicados para los adultos mayores.

 La falta de familiaridad con el nuevo ambiente aumenta las posibilidades de que su padre o madre se sienta confundido. Esto generalmente tiene que ver con la falta de sueño adecuado debido al ruido, las luces, al personal que viene y va para despertar a los pacientes para realizarles exámenes y tomar muestras de sangre.

 Aumentan los riesgos de sufrir caídas. Cuando una persona mayor se despierta a mitad de la noche para ir al cuarto de baño, probablemente las barras a los costados de la cama le impedirán caerse. Pero si la enfermera no responde inmediatamente a su llamado, el paciente puede intentar pasar sobre las barras y caerse.

 Las personas mayores pueden desorientarse fácilmente en un entorno hospitalario. Puede ayudar a su padre o madre llevándole un pequeño reloj despertador o de pulsera. También resultan de ayuda pequeños objetos de casa que sean familiares para ellos, pero que no serán echados en falta si se pierden en el hospital.

**¿Qué debemos tener en cuenta a la hora de buscar
una buena residencia geriátrica para nuestros padres?**

Una buena residencia puede encontrarse por recomendación de otras personas, hablando con familias de personas que se hallan en hogares de ancianos y visitando diferentes lugares.

→ Durante su visita, observe el nivel de limpieza. ¿Detecta algún olor penetrante?

→ La residencia ¿tiene suficiente luz?

→ El personal ¿es amistoso?

→ ¿Los residentes realizan actividades? ¿Se los nota felices y ocupados? ¿Están aseados?

→ Cuando recorre el lugar, ¿cuántos residentes están en cama? ¿Hay residentes sentados en los pasillos sin nada que hacer?

→ Averigüe cuáles son las actividades programadas y cuáles las que verdaderamente se llevan a cabo.

→ Hable con los residentes y con el consejo de la residencia. Participe en reuniones del consejo, porque los residentes suelen ser muy elocuentes respecto de sus problemas. Hable con el presidente del consejo.

La información pública es otra manera de encontrar buenas residencias. Puede llamar al Ministerio de Salud y comprobar si existe alguna residencia que haya infringido las normas o recibido quejas.

Las residencias geriátricas no necesitan estar acreditadas para poder funcionar, pero cada vez son más numerosas las que lo hacen. Puede llamar al organismo pertinente para saber si la residencia que le interesa se encuentra acreditada.*

Otro recurso son las asociaciones para enfermos de Alzheimer.

También debe evaluar a los médicos:

→ ¿Están todos matriculados?

→ ¿Son médicos pagos que permanecen en la residencia un cierto número de horas? ¿O se trata de médicos voluntarios que realizan una ronda de visitas y se marchan, a los que hay que llamar cuando surge una emergencia?

→ ¿Con cuánta frecuencia examinará un médico a su padre o su madre?

→ ¿A qué hospital lo derivarán si enferma? ¿Qué le parece ese hospital?

¿Cómo podemos hacer que nuestros padres se sientan como en casa en la residencia geriátrica?

Una persona adulta mayor necesita un promedio de cuatro a ocho semanas para adaptarse a una residencia, y es posible que se sienta muy desdichada durante ese tiempo. La mejor manera de ayudar a sus padres en este momento

---

* Los autores, una vez más, se refieren a la situación en los Estados Unidos. Sin embargo, la sugerencia resulta válida en cualquier país (N. de E.).

de *shock* y adaptación es visitarlos a menudo, especialmente al principio. Se trata de una reacción normal frente a un cambio enorme y a una pérdida: la pérdida que sienten al final de sus vidas, la pérdida de sus facultades, de su familia, de su hogar, de su autonomía. Experimentan tristeza y aflicción.

Es normal que la gente que entra en una residencia para ancianos se sienta deprimida, y esto puede manifestarse de diversas maneras. Las personas fuertes pueden deprimirse ligeramente. Algunas lo superan en una o dos semanas. Otros no lo hacen nunca. Se hunden con rapidez en una profunda depresión clínica y necesitan tratamiento psiquiátrico. Pero, por lo general, la mayor parte de las personas se adaptan. Se adaptan a la residencia, a su habitación, al personal y, finalmente, alcanzan un nivel estable de aceptación y comodidad.

Puede suceder, quizás un año más tarde, que el personal decida cambiar a su padre o madre a una nueva habitación en una nueva planta. No se sorprenda si vuelve a producirse la misma situación de depresión y de dificultad de adaptación. A la gente no le gustan los cambios.

Como un(a) hijo(a) cariñoso(a) que es, puede contribuir a la adaptación de su padre o madre en caso de que se mude a una residencia. Intente que su habitación sea lo más hogareña posible, decorándola con muebles y objetos de la casa de sus padres. Trate de quitarle el "aspecto institucional" al espacio donde su padre o madre vivirá, utilizando fotografías de la familia y cubrecamas.

De alguna forma, haga saber al personal quién es verdaderamente su padre o su madre. Suele suceder que, cuando los ancianos ingresan en residencias geriátricas, son como la sombra de los vibrantes individuos que alguna vez fueron. Intente que el personal conozca cómo era su padre o su madre.

Algunas residencias realizan una grabación en vídeo sobre cada residente. Esto ayuda a conocer realmente al adulto mayor. Normalmente, el personal de las residencias para ancianos no tiene idea de cómo eran los residentes antes de ingresar, qué clase de relación tenían con sus hijos, cómo se ganaban la vida, qué actividades les gustaba realizar o qué temas les interesaban.

También es muy importante que visite varias residencias geriátricas antes de decidirse por una. Quédese a almorzar. Esfuércese por conocer el ambiente y al personal. Todo esto le servirá de gran ayuda para determinar cómo tratan a su padre o madre. Significará una gran diferencia en el modo en que su padre o madre se adapte al nuevo entorno.

¡Tenemos que encontrar una manera de cuidarnos mejor cuando lleguemos a la vejez! Yo quiero conocer a los médicos que me cuidarán cuando sea mayor porque sé que, en esta época de cuidados organizados y tecnología, muchas personas que ahora estudian medicina ya no saben cómo examinar a un paciente. Mi médico ya tiene unos setenta años. Pasa entre una hora y una hora y media revisándome, sabe cómo realizar un examen físico y responde a todas mis preguntas. No espera a que sea demasiado tarde para ordenar una tomografía cuando descubre algo raro. Pero no sé por cuánto más tiempo seguirá tratando pacientes. Suele contarme que, en los viejos tiempos, los médicos y los residentes se sentaban en la cafetería y hablaban de medicina. Ahora se encuentran en la cafetería para hablar del mercado bursátil.

(Gloria, cuarenta y cinco años)

Mi madre ya tiene noventa años y goza de muy buena salud. Vive en una residencia geriátrica en Florida, nunca ha estado en un hospital y es muy independiente. Acaba de decirme que quiere una computadora y que ha encontrado un instituto que ofrece cursos de introducción a la computación. Todavía conduce y ya se ha apuntado a ese curso. Estoy fascinado.

(Ed, cuarenta y siete años)

Mi relación con mi madre se profundizó mucho en los años que precedieron a su muerte, y aprendí muchas cosas sobre el valor gracias a ella. Vi como perdía gradualmente la visión y su movilidad física. Se volvió muy frágil físicamente; pero su mente estuvo en perfecto estado casi hasta el final.

De forma gradual, comenzó a necesitar ayuda en casa. Al principio, una persona la acompañaba tres veces por semana, cuatro horas al día; luego fueron cinco días por semana, cuatro horas diarias, y esto siguió aumentando hasta que finalmente necesitó un acompañante las veinticuatro horas.

Consideré la idea de traerla a vivir a casa conmigo, pero ella precisaba atención constante, y yo necesitaba tener un poco de tiempo para mí. Me resultaba conflictivo.

Así que he experimentado la pérdida de mi madre, a quien amaba mucho, y soy huérfana. Trato de comprender cómo sigue viviendo dentro de mí y cómo puedo expresar en mi vida su propia vida. Como si fuera un árbol eternamente florecido.

(Beverly, cincuenta y siete años)

Capítulo 5

La taza de hojalata: hablemos de dinero

PARA REFLEXIONAR

El valor temporal del dinero es el arcángel de la planificación financiera.

Leonard Emmerman, contador público.

Cuando éramos niños, los que se jubilaban se convertían en personajes marginados: mujeres con el cabello azulado y las medias por las rodillas que intercambiaban chismes en los bancos del parque; hombres con grandes barrigas que fumaban cigarros, escupían flemas y escuchaban la radio.

Aún recordamos a Estelle, una insípida y deprimida anciana que vivía en nuestro vecindario. Estelle se confundía con el paisaje. No solía hablar y, cuando lo hacía, nadie la escuchaba.

Un día, su esposo murió. A la mañana siguiente de terminar su año de duelo, fue a un salón de belleza, de donde salió horas más tarde con el cabello teñido y peinado, y las cejas depiladas.

Los vecinos rieron. Estelle los ignoró y se unió a un club de *bridge*. Se hizo amiga de la única mujer divorciada que había en el barrio. Entonces los vecinos se enfadaron. ¿Cómo se atrevía a ser una viuda feliz a su edad? Pero a Estelle no parecía importarle. Entre la pensión de su marido y el cheque de su seguro social, estaba disfrutando de una gloriosa independencia por primera vez en su vida. Lo último que supimos de ella fue que estaba navegando por el mundo con un caballero amigo.

Reconciliándonos con la gran "J"

Al principio, por supuesto, no habíamos planeado envejecer. ¡Nunca pensamos que nos ocurriría a nosotros! Conocíamos a una pareja que ya estaba jubilada. Tenían una casa de campo, una mansión de ocho habitaciones en la playa y un *pied-a-terre** en la ciudad. En otras palabras, eran ricos.

Un día comprendimos, con esa especie de terrible claridad que sobreviene en mitad de la noche, cuando no hay nada más que distraiga la mente, que también nosotros, pronto, seríamos viejos. Seríamos más pobres que los pobres. Viviríamos en la calle. Los ángeles llorarían. No habíamos ahorrado, no habíamos planificado algo y recibiríamos un gran castigo.

La pesadilla de Judith

Estoy sentada en el medio de la Gran Estación Central, sosteniendo una pequeña taza de hojalata. Todo lo que poseo está dentro de un carrito de la compra. Mis familiares y mis amigos corren en todas direcciones. Visten pieles y tra-

---

* En francés en el original: "casa que se habita temporariamente" (N. de E.).

jes costosos. Todos se divierten, mientras yo sigo sentada, aferrada a mi taza de hojalata. Algunos llevan maletas o elegantes sombrereras, y se apresuran para tomar un tren. El sueño parece una película de la década del treinta, pero yo no soy Greta Garbo. Soy pobre y estoy sola. Grito pidiendo ayuda, pero nadie puede oírme. Corro detrás de ellos, pero en cuanto me alejo de mi carro, alguien lo roba. De pronto, todos desaparecen, y yo me quedo sola en la Gran Estación Central. Mi única posesión terrenal es mi taza de hojalata.

Me despierto empapada en sudor y le susurro a Steve: "Tenemos que planear nuestra jubilación".

Tomando el toro por las astas

Llamamos a nuestro contador, Leonard Emmerman (Lenny). Le preguntamos si diseñaba planes de jubilación y si podía ayudarnos a organizar uno. Por el precio de un par de cenas en un buen restaurante, Lenny nos puso en camino hacia una jubilación financieramente segura. Sus explicaciones fueron sencillas y razonables. Pasó por alto nuestro pánico y nos ayudó a comprender que debemos enfrentarnos al siguiente período financiero de nuestras vidas con nuevos ojos.

Lo que sigue son las respuestas de Lenny a nuestras preguntas básicas:

¿Qué cosas fundamentales se deben saber antes de comenzar?

Antes que nada, es importante comprender el "valor temporal" del dinero. Es muy sencillo. Básicamente, significa que cuanto más tiempo acumule dinero y lo deje trabajar para usted, menos dinero deberá invertir. Digamos que uno tiene cuarenta y cinco años y quiere tener cien dólares para cuando cumpla cincuenta y cinco. Calcule un 7 % de ganancia anual. Lo único que necesita son cincuenta y un dólares a los cuarenta y cinco años para tener cien dólares a los cincuenta y cinco. Si sabiendo a los cuarenta y cinco años que quiere cien dólares espera sin hacer nada, a los cincuenta dirá "Dios mío, será mejor que haga algo, porque quiero tener cien dólares para cuando tenga cincuenta y cinco años", y tendrá que comenzar con setenta y un dólares. Y, por supuesto, si espera a cumplir cincuenta y cinco años, entonces tendrá que encontrar cien dólares para tener cien dólares.

Además, es necesario tener en cuenta tres importantes factores que no pueden predecirse:*

Número 1: **Longevidad.** Usted no sabe durante cuánto tiempo va a gastar dinero. Es obvio que, cuanto más tiempo viva, más dinero necesitará, o si no, tendrá menos para sus gastos. Sé que suena simplista, pero es importante entenderlo. Por lo tanto, ¿cuánto tiempo vivirá usted? La gente suele hacer cálculos optimistas, que son el resultado no sólo de la naturaleza humana, sino también de un adecuado planeamiento financiero. Exceptuando una guerra o una plaga, la gente suele vivir más tiempo de lo que supone. Tenga en cuenta su salud y la longevidad de su familia. La última estadística en los Estados Unidos nos dice que, en promedio, los hombres viven hasta los 72 años y las mujeres hasta los 77, pero estoy seguro de que conoce gente que ya ha superado esas cifras y se aproxima a los 90 años. Y, por supuesto, está Marie Calamante, que murió a la madu-

---

* Recordar que, en este capítulo, los autores siempre se refieren al sistema de pensión y jubilación de los Estados Unidos (N. de E.).

ra edad de 122. La mayoría de nosotros no viviremos tantos años, pero para sentirme seguro me gustaría planear una jubilación alrededor de treinta años antes de mi retiro.

PARA REFLEXIONAR

Tengo todo el dinero que necesito para el resto de mi vida..., si fuera a morir a las cuatro de la tarde.

Henny Youngman

Número 2: **Interés sobre la renta**. Cuando reserva cierta cantidad de dinero para su jubilación, no existe manera segura de predecir qué intereses percibirá a lo largo del tiempo. En otras palabras, no puede tener la certeza de cuánto aumentarán sus ahorros con los años. Un número seguro con el cual trabajar es el 7 %. No se trata de castillos en el aire. Si la economía es floreciente y sus ahorros exceden esa cantidad, mejor para usted.

Número 3: **Costo de vida**. No puede saber con seguridad hasta qué punto se reducirán sus activos financieros a causa de la inflación. No es posible predecir exactamente cuál será el costo de un automóvil en veinte años, ni siquiera el de un bistec o un corte de cabello. Podemos calcular que aumentarán un 3,5 %, pero no existen garantías de que el incremento no sea mayor.

Cuando planifique su jubilación, sea flexible. Independientemente de cuánto dinero haya logrado ahorrar, deberá enfrentarse con lo impredecible: el trío formado por longevidad, interés sobre la renta y costo de vida.

Muy bien: ¿Cómo comenzamos?

En primer lugar, necesita calcular a cuánto asciende su valor neto. Luego, intente calcular cuánto dinero podría llegar a tener y cuánto cree que necesitará para vivir.

Cálculo de su valor neto

Su valor neto es todo el dinero que posee luego de descontar todo lo que debe. Tome todo el efectivo que tiene en su cuenta de ahorros, en cuenta corriente, el valor de su casa, de su embarcación, de sus inversiones..., lo que sea, y súmelo todo. A la cifra obtenida, descuéntele todo lo que deba. (Ver test de autoevaluación.)

Ingresos por jubilación

La forma básica de calcular sus ingresos por jubilación es sumar su fondo de pensiones, su flujo de ingresos por los ahorros que espera tener (cuando hablo de ahorros, me refiero a bonos, renta anual, patrimonio neto, etc.) y a eso le agrega el seguro social, todo trabajo con el que planee obtener ingresos y algunos factores heterogéneos como el dinero que podría obtener por la venta de su casa.

Plan de pensión

Puede obtener sus ingresos por jubilación de dos maneras:

Plan de beneficios definidos. En esta clase de plan, cuando usted comienza a trabajar para su empleador, éste le explica cuál será su plan de jubilación. Por ejemplo, si usted trabaja durante veinte años, al jubilarse percibirá la mitad de su paga y durante los años siguientes sumará a eso el 1,5 % de su salario. Queda así establecido, y desde el mismo día que comienza a trabajar conocerá los pormenores de su jubilación. El año que perciba un aumento, sólo tendrá que modificar el correspondiente factor en la ecuación, de modo que siempre pueda calcular sus prestaciones por jubilación. Una vez al año, su empleador le entregará una declaración que indica una proyección de los beneficios de su pensión. Es así como se mantendrá al tanto de su plan privado de pensiones.

El día que se jubile, ya sabrá cómo será su jubilación por el resto de su vida. Se trata de beneficios fijos. Si usted ha elegido esta clase de plan de pensión, entonces no tendrá que preocuparse de nada, porque su empleador se encargará de todo. No necesita controlar cuánto dinero tiene en su cuenta, ni cuál es el índice de interés. Ése es problema de su empleador. Al contratarlo, él le prometió que le daría un cierto porcentaje de su salario cuando se jubilara, y es su responsabilidad apartar ese dinero para usted.

La mayoría de las organizaciones ya no utilizan esta clase de plan de pensión. Pero todavía funciona en los cuerpos de servicios uniformados. La policía, los bomberos y la mayor parte de los empleos de administración pública aún ofrecen planes de beneficios definidos. Aunque no existen proyectos para cambiar de plan en estos sectores, ha desaparecido virtualmente entre los empleados del sector privado. Ya no se lo ofrece como opción, y, cuando una empresa se fusiona con otra, proporciona a los nuevos empleados lo que se denomina "plan de contribución definida".

Plan de contribución definida: cuando se contrata esta clase de plan, nadie le asegura beneficios de jubilación definidos. En lugar de eso, el empleador le promete depositar en una cuenta cierta suma de dinero para usted, y lo alentará a que usted haga lo mismo. Puede tratarse de un plan de reparto de beneficios o un programa de contribución postributaria. Tanto usted como su empleador efectúan contribuciones al plan, y el gobierno permite que el dinero se acumule sin gravarle impuestos. Cuando llegue el momento de jubilarse, nadie le prometerá beneficios de jubilación. Le dirán: "Buena suerte, aquí tiene su dinero; ahora ingéniese para que la ecuación de su jubilación dé el resultado deseado."

En el plan de contribución definida, la suma de dinero que llamamos *jubilación* es el resultado de diversas fuentes: la contribución de su empleador, su propia contribución, su cuenta individual de jubilación, y todo lo que tenga al jubilarse. Éste es el plan de pensión que se ofrece a la gente en la actualidad. Dependerá de usted invertir razonablemente ese dinero para que rinda los ingresos necesarios para vivir cómodamente el resto de sus días.

¿Cómo podemos saber lo que sucede con nuestro plan de contribución definida?

Los beneficios de los planes privados de pensión suelen estar organizados por el departamento de Recursos Humanos. La ley les exige que le presenten una declaración anual. En general, la mayoría de las empresas lo hacen de forma trimestral y algunas, incluso, mensualmente. La declaración indica el estado de sus cuentas. Las empresas que cuentan con planes de contribución definida le enviarán declaraciones que muestran cuánto dinero tiene o qué valor posee su cuenta. Así que si usted tiene un plan de contribución definida, podrá ver el valor de cada una de esas cuentas y el valor de cada una de sus acciones.

Ahorros

Cuenta de ahorros. Si es cuidadoso y guarda todo su dinero en una cuenta de ahorros que le da el 3 %, no tendrá una inversión segura. Tendrá una inversión perdedora, porque la inflación hará que su dinero pierda valor año a año.

Acciones. Es más inteligente realizar un programa de inversión que le asegure ganancias superiores al índice de inflación. Entre 1921 y 1981, las acciones (según el Índice de Standard & Poor) reportaron básicamente un 10,7 % antes de la inflación y un 7,6 % reajustado. Entre 1982 y 1996, han producido un 15,8 % anual y, luego del ajuste por la inflación, el índice ha crecido hasta el 12 %.

Puede considerar sus ahorros de dos maneras: puede pensar que, cuanto más alta sea la tasa de rendimiento, menor será la cantidad de dinero que deba ahorrar para alcanzar un objetivo. O bien que, cuanto más alta sea la tasa de rendimiento por el ahorro de "x" dólares, más dinero reunirá para cuando se jubile.

PARA REFLEXIONAR

Con dinero en el bolsillo, uno es sabio y apuesto, e incluso canta bien.

Proverbio yiddish

¿Cómo podemos asegurarnos de que nuestro programa de ahorros sea sólido?

Con referencia a los programas de ahorros, normalmente a éstos suelen aplicarse ciertas cuotas. Si usted ahorra con vistas a la jubilación, una cartera de acciones compuesta por al menos un 80 % de acciones le dará la mejor opción de rendimiento. El 20 % restante puede estar compuesto por ingresos fijos: valores, fondos de inversión, certificados de depósito o una adecuada renta vitalicia.

Una vez que se jubile, deberá mantener su programa de inversiones, porque ya no estará en el período de acumulación. Por lo tanto necesitará un programa que le garantice un flujo de efectivo más seguro. En sus primeros años de jubilación, puede tratarse de una cartera con un 60 % en acciones y un 40 % de ingresos fijos; más adelante, podrá modificarlo hasta llegar a un 50 y 50. A medida que pasen los años, podrá programarlo con un 30 por ciento en acciones y un 70 % de ingresos fijos. Siempre necesitará contar con un patrimonio en su cartera de ingresos como protección contra la inflación.

¿Qué sucede con los riesgos?

Los riesgos no pueden eliminarse, pero sí controlarse mediante una correcta distribución de activos. Una corriente de pensamiento sostiene que una distribución apropiada y mantener ese balance durante el período de acumulación y los años de jubilación son tan importantes como la inversión en sí. En otras palabras, tener un balance adecuado es tan importante como invertir en un fondo A o un fondo B.

Seguridad Social

La Seguridad Social es el único ingreso que conozco hasta el momento que está ajustado a la inflación. Todo lo demás es una mera función de las pensiones fijas o el interés sobre sus ahorros.

Cuando comience a preguntarse cuánto recibirá al jubilarse, la Seguridad Social le facilita un formulario. Se trata del formulario de Estimación de Ganancias, que puede conseguirse llamando a la Administración de la Seguridad Social. Le enviarán un cálculo de lo que recibirá al jubilarse. Puede pedir una actualización todos los años.

Trabajo

Jubilarse no significa necesariamente que dejará de trabajar por completo. Significa que podrá optar por trabajar menos, o trabajar en otra cosa, o trabajar por una paga menor. Desde un punto de vista financiero, el trabajo es todo aquello que necesitamos hacer o que hacemos para complementar nuestros ingresos.

El diccionario define **retiro*** *como "sueño; cese de actividades". Los individuos tranquilos son tímidos y retirados. Se ha llamado de muchas maneras a los nacidos en la explosión demográfica, pero nunca "tímidos y retirados". Necesitamos una nueva palabra para describir nuestros últimos años. ¿O acaso creemos verdaderamente que nuestra savia dejará de correr como cuando se cierra una llave de agua?*

Propiedad inmobiliaria

Cuando uno es dueño de la casa en que vive, es posible venderla y agregar ese dinero a la ecuación de la jubilación, o bien alquilarla y agregar el dinero del alquiler a la ecuación. Puede hacer lo que la gente menciona mucho, pero que pocos hacen: pedir una hipoteca invertida. Eso significa que todos los meses recibe un cheque del banco, basado en el valor de su casa. Al hacerlo, está apostando a que vivirá un numero "x" de años. Si sobrevive a su hipoteca invertida, se arriesga a perder su hogar en el momento de su vida en que más frágil y entrado en años se encuentra.

---

* Se define la palabra en inglés *retiring* (N. de E.).

Si posee una casa, liquide su hipoteca tan pronto como pueda. Se ahorrará mucho dinero de intereses y tendrá un ingreso adicional para ingresar en su cuenta.

PARA REFLEXIONAR

Las fiestas son para reír, y el vino para alegrar; pero el dinero es la respuesta para todas las cosas.

Eclesiastés

¿Cómo podemos calcular lo que necesitaremos después de jubilarnos?

La mejor manera de anticipar cuáles serán sus necesidades económicas después de jubilarse es mediante un registro de cómo ha gastado su dinero en los dos años previos a la jubilación. A mucha gente le provoca ansiedad enfrentarse a un registro detallado de sus gastos, pero resulta muy útil. Tenga en cuenta cuáles serán los gastos que cesarán con su jubilación. Por ejemplo, ya no tendrá que aportar a Seguridad Social o a su plan de pensiones. Es posible que sus gastos de ropa y tintorería disminuyan, así como algunos otros relacionados con su trabajo.

Por otra parte, también podrán surgir nuevos gastos. Se trata de un tema muy personal y dependerá de cómo anticipe sus gastos como jubilado. También es posible que tenga costos adicionales relacionados con la salud y que deben ser tenidos en cuenta. Finalmente, incluya el factor del 3 % de inflación.

Vivir en el extranjero después de la jubilación

Aunque personalmente no nos interesa mudarnos al extranjero después de jubilarnos, ése es el sueño de varios de nuestros amigos. Esto es lo que nos dijo una pareja:

> Todavía no hemos comenzado a planificar nuestro siguiente período, excepto por algunas ideas generales. Específicamente, nos gustaría vivir en Costa Rica después de nuestra jubilación. Vemos gente en el trabajo que ya ha comprado terrenos en lugares como Carolina del Norte, y han construido casas o planificado su vida o cosas por el estilo. Nosotros decimos que nos gustaría mudarnos a Costa Rica, pero no tenemos planes concretos. Sólo hemos comenzado a imaginar cómo podríamos manejar nuestras finanzas en el siguiente período de nuestras vidas. Cuando éramos jóvenes, no solíamos pensar en el futuro. Teníamos una especie de filosofía que consistía en disfrutar de la vida. Hicimos largos viajes con nuestros hijos y gastamos una pequeña fortuna en su momento. Probablemente no eran los viajes más adecuados para personas con nuestro poder adquisitivo. Nunca pensamos "Guardemos este dinero para nuestro fondo de pensión", o "Debemos ahorrar dinero para la universidad de los niños". Ahora estamos comenzando a pensar en todo eso.
>
> *(Patricia, cincuenta y cuatro años; Bob, cincuenta y nueve años)*

¿Cuál es su reacción ante la situación de esta pareja?

Se trata de una situación bastante común. Necesitaría saber muchas otras cosas para poder aconsejarlos, pero la verdad es que la mayoría de las personas no toman en serio el proceso de planificación hasta que se enfrentan a su jubilación. Con un poco de suerte, se toman en serio el proceso de ahorro y la elección de un programa de inversiones seguro.

¿Qué piensa sobre sus planes de mudarse al exterior?

Sé que no me preguntan por las implicaciones sociales o psicológicas. Desde un punto de vista puramente financiero, distintas áreas del mundo en distintos momentos tienen diferentes niveles de inflación y de índices de cambio para el dólar estadounidense. Si lo que se busca es obtener el mayor beneficio por nuestro dinero, entonces uno puede mudarse a lugares donde, en un momento u otro, se nos ofrecerá el mejor cambio por nuestros dólares estadounidenses. En la década del sesenta, por ejemplo, muchos estadounidenses jubilados se mudaron a España porque el dólar era una moneda tan fuerte, que abarataba el costo de vida; pero eso ha cambiado. No se puede pensar que en quince años la situación financiera de un país en particular permanecerá inalterable. Pero si se tiene un espíritu aventurero y se quiere seguir la corriente del dólar, uno puede moverse de un lugar a otro y, definitivamente, su dinero tendrá más valor.

La gente que elige vivir en el extranjero después de jubilarse debe tener en cuenta factores especiales. Por ejemplo: si la pareja antes mencionada toma la costumbre de volar frecuentemente desde Costa Rica a Estados Unidos para visitar a sus amigos o asistir a espectáculos en Broadway todos los meses, o si compran billetes de avión para que sus nietos puedan visitarlos un par de veces al año, sus ahorros disminuirán considerablemente, y es posible que terminen perdiendo dinero. Si su estado de salud requiere que realicen visitas frecuentes a médicos en Estados Unidos, entonces deben tener en cuenta el costo de los viajes aéreos y quizás también del alojamiento en hoteles. Puede volverse más complicado de lo que parece, y la gente que planea mudarse al exterior tiene que pensarlo muy cuidadosamente.

Cómo encontrar un buen asesor financiero

Tenemos una amiga que trabaja en una gran empresa. Una semana después de cumplir cincuenta años, comenzó a recibir llamadas telefónicas de jóvenes deseosos por "ayudarla a sacar el mayor beneficio a sus años de jubilación". Como los cincuenta años la hacían sentir un poco inquieta, hizo una cita con uno de ellos.

Era joven, encantador, sincero y muy ansioso por relacionarse con la generación de adultos mayores que ella representaba ("Toco música de Bob Dylan con mi guitarra acústica"). Le aseguró que si ella le confiaba su dinero, él lo cuidaría como el suyo propio y lo invertiría de manera agresiva, porque ella no querría entretenerse con inversiones lentas. Lo que nuestra amiga necesitaba eran acciones que produjeran, produjeran, produjeran. Sus modestos ahorros florecerían en miles de nuevas industrias. Y el joven sería el jardinero que plantaría el dinero y lo fertilizaría con su propio abono hasta que floreciera...

Más tarde, a nuestra amiga se le ocurrió que con su enfoque agresivo era posible que el joven terminara convirtiéndose en un multimillonario. Claro que también podría terminar en la calle, con una taza de hojalata en la mano y haciendo una mala imitación de Bob Dylan.

¿Cuál es su consejo para encontrar un buen asesor financiero?

Busque personas que trabajen seriamente y tengan acreditación. Una persona que haya completado un programa profesional de asesoramiento financiero. Lo mejor será un contador público colegiado, con experiencia adicional como especialista financiero. Se trata de una subespecialidad, como un médico que hace la residencia en gastroenterología. En el mundo de la contabilidad, todos los contadores licenciados deben ser universitarios y aprobar una serie de exámenes para convertirse en contadores públicos colegiados. Luego de obtener la licenciatura, podrán especializarse en diversas áreas. Un especialista financiero personal debe aprobar otra serie de exámenes, con otros requisitos, y cumplir un compromiso de dedicar de treinta a cuarenta horas de educación continuada cada año.

También podrá elegir un asesor financiero certificado; no necesitan poseer un título universitario, pero se les requiere completar una serie de cursos y aprobar un examen calificado. Los asesores financieros deben demostrar competencia en el área y actualizar permanentemente sus conocimientos. En Estados Unidos, las designaciones de contador y asesor financiero son otorgadas por el Instituto Estadounidense de Contadores Públicos Colegiados, una organización de más de cien años de antigüedad.

Aléjese de las personas que intentan venderle algo. Los contadores públicos, básicamente, venden tiempo. Trabajan para usted y le cobran por el tiempo empleado. Su trabajo se basa en cobrar honorarios. En el pasado, no se les permitía vender; sin embargo, las leyes están cambiando gradualmente. Pero, en general, usted no busca a alguien interesado en vender algo. Lo mejor es buscar un asesor financiero que cobre por hora; si usted prefiere una persona que administre sus bienes, entonces le cobrará un porcentaje que generalmente variará entre un medio a tres cuartos del porcentaje de bienes personales que administre para usted. Pero mi consejo es que la persona que le proporcione asesoramiento financiero no sea la misma que le venda acciones, fondos de inversión y pólizas de seguro. Separar el interés personal de las necesidades del cliente resulta difícil, incluso para la persona más honesta.

Cuando usted hable con él (o ella), un asesor financiero le pedirá que controle sus gastos durante un cierto tiempo, que evalúe su valor financiero neto, y que trate de relacionarlo con su expectativa de vida, su necesidad de ingresos y sus futuros gastos para vivir. Luego analizará esa información y le sugerirá un plan de jubilación adecuado.

¿Cuánto dinero se debe ahorrar para la jubilación?

No existe una formula infalible. Para responder a esa pregunta, es necesario llevar a cabo un análisis razonable de cuándo planea jubilarse, cuál es su expectativa de vida, cuál será su costo de vida, y con qué ingresos podrá contar además de sus ahorros (Seguridad Social y otros beneficios definidos). Reste esa suma a la cantidad que posiblemente necesitará para gastos mensuales. Con el resultado final puede hacer dos cosas: calcular cuánto necesitaría ahorrar anualmente hasta el día de su jubilación, o ajustar sus expectativas y planificar vivir con menos dinero.

En el mundo real, cuando queremos jubilarnos, existe un factor que falta y es el valor de la renta vitalicia de nuestros ahorros. En otras palabras, la cantidad de dinero que necesitará gastar mensualmente durante los siguientes treinta años de su vida. Cuando llegamos a los sesenta años, uno piensa que probablemente vivirá unos treinta años más. Sabemos cuál es nuestra Seguridad Social, cuál será el monto de nuestra jubilación y, luego, nos encontramos con un espacio en blanco. Así que uno piensa: mi esposa y yo recibiremos unos 25.000 dólares de Seguridad Social y mi jubilación será de 6.000 dólares al año, lo que suma 31.000 dólares anuales. Y tengo 600.000 dólares en plan de ahorros. Calcule la tasa de interés sobre ese monto. Ya no ahorrará más; es decir, no agregará más dinero a esta cuenta. Supongamos que obtenga un 7 % sobre ese monto. Entonces sabe que podrá contar anualmente con "x" cantidad de dólares durante treinta años. Supongamos que "x" son 30.000 dólares.

Agregue ese número a sus ingresos, y entonces podrá decir: "Tengo 25.000 dólares de Seguridad Social, 6.000 dólares de pagos de jubilación, y puedo retirar anualmente 30.000 dólares de mis ahorros. Todo eso suma 60.000 dólares." Ya ha completado esa parte de la ecuación. Sabe que contará con 60.000 dólares de ingresos, ha programado sus próximos 30 años y ¿sabe cuál es la mejor parte? Ya ha resuelto la última parte de la ecuación.

La gente se pregunta cuánto dinero debería ahorrar, pero la mayoría de nosotros no queremos trabajar mucho por ello. No estamos ni psicológica ni emocionalmente preparados para sentarnos y calcular presupuestos, ni para pensar cuántos años vamos a vivir, ni para proyectar ingresos... Todo eso nos produce dolor de cabeza. Preferimos las respuestas rápidas.

¿Cuál es la verdadera respuesta rápida?

La respuesta rápida es maximizar su plan de contribución definida y, luego, optar por un plan de ahorros que le permita aumentar sus ahorros.

Al final, si no quiere enfrentarse al duro trabajo de calcular cuánto dinero va a necesitar, lo mejor será que ahorre tanto como pueda. Siempre será mejor que supere la marca, de modo que cuando llegue el momento de calcular cuánto necesita, podrá descansar tranquilo si ha ahorrado más que suficiente. O puede optar por dejarlo como herencia a sus hijos o donarlo para caridad. O puede disfrutar una jubilación salvaje y alocada..., o hacer un poco de cada cosa. Lo que lo haga más feliz. Pero, intuitivamente, sabe que se sentirá mejor si tiene dinero ahorrado. Y ya sabe que no podrá llevárselo con usted.

El estado de Nueva York considera que es
ilegal enterrar dinero en un ataúd.

¿Cuál es la moraleja?

Bueno, después de mi breve perorata, mis clientes deben estar pensando una de estas dos cosas: o bien están dispuestos a trabajar para llegar a una razonable conclusión sobre cómo debe ser su jubilación y entonces hacer lo posible para conseguirlo, o pueden pensar: "No estoy preparado para hacer esto, parece que es mucho trabajo (y lo es). Voy a tener que pagar a un asesor financiero, voy a tener que preparar tests de autoevaluación, voy a tener que controlar mis gastos y mis ingresos, voy a tener que pensar mucho. No voy a hacer nada de eso. Voy a seguir el consejo general de Lenny: maximizaré mi plan de contribución definida, veré qué es lo que puedo ahorrar, y optaré por un programa de inversiones sólido, principalmente en acciones. Entonces, cuando esté listo para jubilarme, evaluaré mi situación y me pondré a trabajar sobre ello."

Por supuesto, existe una tercera alternativa. Algunas personas pueden pensar: "¡Todo esto me provoca dolor de cabeza! Me tomaré unas vacaciones; no voy a preocuparme por esto ahora." Esas personas piensan que "el valor del dinero no es importante; no quiero dedicarle tiempo ahora". Cuando toma esa decisión, pasa por alto el principio más básico y fundamental de la acumulación de capital. Porque el valor temporal del dinero es el arcángel del planeamiento financiero.

Un año más tarde...

Estamos mirando nuestro futuro de manera más realista. Nunca tendremos tres mansiones lujosas; quizás podamos aspirar a una cabaña en las montañas. Por otra parte, probablemente no nos quedaremos en la calle. Nuestra perspectiva para los próximos cuarenta años ha cambiado. Ya no pensamos que se tratará de un final, sino que lo vemos como un nuevo comienzo. Incluso hemos comenzado a soñar con lo que queremos a hacer en los siguientes treinta años de nuestra vida.

Su activo

1. Efectivo   **Monto en $**

Dinero que tiene en mano   _____

Dinero en su cuenta corriente   _____

Dinero en su cuenta de ahorro   _____

Efectivo de su seguro de vida   _____

Bonos de ahorro   _____

Dinero que le deben   _____

2. Posesiones personales   **Valor actual de mercado**

Su automóvil   _____

Su barco   _____

Pieles/joyas   _____

Antigüedades/arte   _____

Pertenencias personales de diverso tipo   _____

3. Propiedades

Su casa   _____

Otras propiedades que posea   _____

4. Inversiones

Acciones   _____

Bonos   _____

Títulos del Gobierno   _____

Fondos de inversión   _____

Otras inversiones   _____

Patrimonio en sus propios negocios   _____

Dinero que le debe su empresa,
incluso si renuncia.
Esto incluye:

    Jubilación   _____

    Reparto de beneficios   _____

Planes de ahorro para la jubilación   _____

Valores totales   [   ]

Su pasivo

1. Cuentas pendientes

Lo que debe por cuentas de crédito   _____

Lo que debe en sus tarjetas de crédito   _____

Lo que debe de sus utilidades   _____

Lo que debe de su renta   _____

Primas de seguros   _____

Cuentas médicas/dentales, etc.   _____

2. Préstamos

Lo que debe por su hipoteca   _____

Lo que debe por su automóvil   _____

Lo que debe por préstamos personales   _____

Lo que debe por pagos en cuotas   _____

Lo que debe por préstamos para estudios   _____

Impuestos que debe   _____

Otros pasivos   _____

Total de pasivos   [   ]

Su valor neto

Activo total $ $ [   ]

Menos

Pasivo total $ $ [   ]

Igual a

Su valor neto $ $ [   ]

Cambio de pareja

Cuando alcanzamos la mediana edad, todos tenemos alguna historia agridulce que contar. Estamos casados..., felizmente o no. Estamos solteros. Estamos divorciados. Estamos viudos, casados en segundas nupcias, mantenemos relaciones permanentes..., o no. En resumen, al llegar a la mediana edad ya hemos adquirido un "pasado".

Cuando me casé por primera vez tenía treinta y dos años. Quería tener muchos hijos. Dije seis, y ella dijo ninguno. Dije cinco o cuatro, ella dijo ninguno. Dije quizás tres... Finalmente dije dos y ella dijo uno. Presentó la demanda de divorcio alegando tratamiento cruel e inhumano porque yo quería más hijos.

(Gary, cincuenta y cinco años)

Me aterra pensar que pueda enviudar por segunda vez. No sé si podría superar otra muerte. Me gustaría conocer a una persona agradable, alguien gentil que me haga compañía, pero no creo que vuelva a casarme.

(Rachel, cincuenta y nueve años)

Mi esposo murió hace once años. Cuando nos conocimos teníamos diecisiete, y ninguno de los dos quería comprometerse en serio; no teníamos esos planes, pero tampoco podíamos separarnos.

(Natalie, cuarenta y ocho años)

Fue un mal matrimonio desde el principio. En su momento, decidí no marcharme a causa de mi hija. Mi esposa era alcohólica, y todo era un desastre.

(Howie, cuarenta y siete años-

Soy homosexual, y mi pareja murió hace tres años. Atravesé un largo período de duelo y ahora estoy listo para conocer gente nueva. Pero me está resultando extraordinariamente difícil. Por un lado, cuando era joven tenía más energía para relacionarme socialmente. Ahora no conozco tanta gente. Por otra parte, cuando conozco a alguien que podría atraerme un poco, esa persona no demuestra el menor interés en mí.

Aunque la gente me dice que aún parezco joven y atractivo, me siento como si fuera prácticamente invisible en situaciones sociales.

(Peter, cincuenta y cinco años)

Cuando me casé por primera vez tenía veintiún años y acababa de graduarme en la universidad; ahora estoy separada y a punto de divorciarme. Mi esposo conoció a alguien más joven. Debería haberme divorciado de él hace años.

(Pattie, cuarenta y siete años)

Cuando me divorcié, sentí como si me quitaran un peso de los hombros.

(Ed, cuarenta y seis años)

Durante toda mi vida de casada tuve una relación extramatrimonial con otro hombre. Hace tres años mi esposo comenzó una aventura con otra mujer, y ahora estamos en proceso de divorcio. Mientras tanto, el hombre del que estuve secretamente enamorada todos estos años se ha casado con otra persona.

(Barbara, cuarenta y un años)

Mi primer matrimonio fue terrible. Después de dieciocho años finalmente reuní la fuerza suficiente para divorciarme de ella. Entonces conocí al amor de mi vida. Nos comprometimos. Un mes antes de la boda, le diagnosticaron cáncer de páncreas. Sólo estuvimos casados ocho meses.

(Barry, sesenta y cuatro años)

Cuando termina una relación de muchos años, ya sea por diferencias irreconciliables o por la muerte de uno de los dos, se necesita mucho tiempo para curar las heridas y asimilar las circunstancias que forzaron el cambio. Se necesita tiempo para suavizar recuerdos dolorosos y para silenciar las voces interiores que insisten en que hicimos algo terrible, que podríamos haber cambiado el resultado o controlado algo que, en definitiva, estaba fuera de nuestro control.

También es necesario redescubrir quiénes somos ahora que no tenemos a otra persona que nos ayude a definirnos. En este período de cambios, es común que la gente se sienta perdida y en un terreno desconocido.

Con sus emociones en completo desbarajuste, resulta tentador devolver el sentido a las cosas tratando de "arreglar" el mundo exterior. Comprar un automóvil nuevo, u otro guardarropa, cambiar de peinado o incluso de nombre son soluciones tentadoras aunque temporarias para su estado emocional. En este período, puede resultar mucho más útil encontrar maneras de tolerar la incertidumbre. Recuerde que sentirse confundido no significa que esté perdido, aunque así lo parezca a veces.

Tiempos alocados

Los "tiempos alocados" son un período de transición entre un final (como un divorcio o la muerte de la pareja) y un nuevo comienzo. Se trata de un período de confusión y de duelo. Su identidad establecida, ya sea como esposo, esposa o pareja, ya no es válida porque la persona que le otorgaba tal identidad ha desaparecido. Se siente ansioso porque su equilibrio emocional se encuentra descentrado. Es posible que recurra a un comportamiento impulsivo o poco usual.

Durante los dos años posteriores al final de una relación es posible que uno tienda a relacionarse con gente para enmascarar temporalmente las dudas y los conflictos sin resolver. Puede que no demostremos un gran criterio. En otras palabras, es probable que durante estos "tiempos alocados" hagamos cosas locas en busca de la paz interior.

En mi primera cita después de que mi esposo me dejó, bebí todo lo que pude tan rápido como pude hacerlo. Me sentía muy extraña. El hombre era interesante, pero yo sentía que había dejado mi personalidad en casa.

(Pattie, cuarenta y siete años)

Cuando Mel se divorció, publicó un aviso en la sección de "Avisos Personales" de una revista local cuyo costo compartió con su buen amigo Ray, que atravesaba una situación similar. Escribieron que eran "buenos papás" para sus hijos y que buscaban una mujer con sentido del humor. No mencionaron si eran atractivos o ricos. Sólo que eran buenos papás a los que les gustaba reírse.

Recibieron más de cuatrocientas cartas, con fotografías y biografías detalladas. Se repartieron los nombres arrojándolos dentro de dos sombreros. Mel calcula que, entre los dos, salieron con unas doscientas mujeres antes de comenzar una relación estable.

Es necesario pasar los "tiempos alocados" para curar las heridas. Es posible que sienta que las cosas escapan de su control, pero ése es uno de los pasos necesarios antes de encontrar una nueva pareja. Es un período tanto de confusión como de experimentación, combinado con dudas e inseguridades. Es el momento de hacer pruebas. Su sentido de la identidad se encuentra en un precario equilibrio. Durante un tiempo, no se tome en serio ninguna relación porque no podrá confiar en sus juicios. Quien se enamore de usted en este período se enfrentará a un problema.

Judith recuerda una época en la que salió con un hombre encantador llamado Robert, cuya mujer acababa de dejarlo. En la primera cita le regaló flores. En la segunda, le llevó una caja con sus bombones favoritos y una botella de champán, y en la tercera, entradas para un espectáculo de Broadway de mucho éxito. Solía llamarla entre cita y cita, y enviarle tarjetitas de agradecimiento por su amistad.

Después de varios meses, Judith le preguntó delicadamente si existía alguna razón por la que su relación no progresaba más allá de un casto beso al despedirse. Robert se echó a llorar. Le confesó que aún estaba locamente enamorado de su mujer y que era impotente desde que ella lo había dejado. También le espetó que enviaba flores y tarjetas a varias mujeres al mismo tiempo. No estaba interesado en una nueva relación; sólo intentaba olvidar.

Después de que una relación de mucho años se termina, es posible que instintivamente se aferre a la primera persona que conozca e intente permanecer con ella el resto de su vida. No lo haga. Los "tiempos alocados" ya pasarán.

Terrores sagrados

Los "terrores sagrados" son sus miedos y expectativas personales y poco realistas. Al igual que los tiempos alocados, emergen cuando termina una fase de la vida y reina la confusión. Estos terrores representan su ansiedad y subrayan su vulnerabilidad durante este confuso período. Las viejas identidades ya no existen, y las nuevas aún están por surgir. También esto pasará.

¿Cuál es su terror sagrado?

➔ Pattie: *Cuando nos divorciamos, estaba segura de que me convertiría en una vagabunda, que nunca más tendría sexo y que nadie volvería a comprarme un regalo jamás.*

→ Rachel: *Una de las razones por las que no quiero volver a casarme es que no quiero tener que lidiar con sus hijos. No quiero que me miren de arriba abajo, ni que me acepten o no me acepten. No quiero ser juzgada por gente con la que no tengo ninguna relación.*

→ John: *Después del divorcio, me despertaba a mitad de la noche sintiendo pánico porque sentía (lo sentía con total certeza) que perdería mi trabajo y que no podría cuidar de mis hijos.*

→ Sue: *Larry ha sido el único hombre con el que me he acostado. Me da pánico pensar en desvestirme delante de otro hombre. No sé si sería capaz de hacerlo.*

Todos tenemos terrores sagrados que surgen en períodos de trauma emocional.

Cómo enfrentar sus terrores:

☞ Busque un confidente. Elija a una persona en la que confíe, alguien a quien pueda contarle sus terrores a la luz del día. Alguien que no menosprecie sus miedos. Examine sus miedos con un amigo y reconozca cuán asustado está. Analice su terror. ¿De dónde viene? Tratar de enterrar un terror o negar que existe sólo hace que éste se vuelva más fuerte. El terror se alimenta de la oscuridad. Ilumine los rincones oscuros de su mente, y el terror desaparecerá.

☞ Intente llevar a cabo el siguiente ejercicio con la ayuda de un buen amigo que pueda reafirmarle su fortaleza y sus capacidades. Libérese del terror paso a paso.

Ejercicio para exorcizar el terror

Terror: *desamparo.*

¿Cómo podría usted quedar desamparado? Tendría que:

 Perder su empleo.

No encontrar otro trabajo.

Perder el apoyo de su familia y sus amigos.

Verse obligado a vender su casa y demás posesiones.

Verse obligado a vivir en la calle.

Hable sobre las presunciones irracionales que subyacen en cada uno de estos hechos. Por ejemplo, ¿por qué podría perder su empleo? ¿Qué le haría perder el apoyo de cada uno de los miembros de su familia y cada uno de sus amigos? Analice las acciones positivas que podría llevar a cabo para evitar que estas cosas sucedan.

Repita el ejercicio hasta que note que comienza a controlar su miedo y sea capaz de enumerar los recursos de los que dispone para derrotarlo.

Si no puede deshacerse de su miedo, o éste empeora, considere recurrir a un terapeuta de orientación cognitiva comportamental para un tratamiento corto.

Puede pedir una lista de profesionales acreditados en la Asociación de Psicólogos local o del Estado.

Elija a una persona que pueda darle apoyo emocional

Escoja a una persona que pueda ayudarle a comprender que los sentimientos que experimenta son naturales. Usted no es un ser anormal. Esa persona podrá ayudarlo a entender que no necesita sentirse abrumado por esos sentimientos y que pronto cambiarán para mejor. Y lo más importante es que esa persona podrá darle esperanza para el futuro.

Esta persona puede ser un psicoterapeuta, un profesional con experiencia en un área en particular (como finanzas o asuntos legales), un colega que esté atravesando por una situación similar o ya lo haya hecho, o un amigo o un pariente en quien usted confíe.

Me casé por segunda vez a los cuarenta, después de hacer terapia durante varios años. Me había casado a los diecinueve y me divorcié a los veintidós. Comencé con la terapia cuando me di cuenta de que tenía miedo a iniciar otra relación. Tenía miedo de los hombres y, básicamente, me enfrentaba a ellos como una adolescente hasta que la terapia me ayudó a cambiar la perspectiva de las cosas. Mi actitud era la de una niña de doce o quince años. Era una soñadora. Esperaba al caballero en su caballo blanco que viniera a rescatarme y pagara todas mis cuentas...; al menos, eso pensaba cuando me casé por primera vez.

Ahora ya no quiero a alguien que me cuide. Ya no soy esa clase de persona, pero creo que en aquel momento buscaba una figura paternal.

La experiencia me ha enseñado que no disfruto estando con una persona sobreprotectora. He madurado lo suficiente para ser independiente y no necesito que nadie cuide de mí.

(Bernice, cuarenta y cuatro años)

La terapia psicológica puede resultar una herramienta útil para tratar ciertos temas personales. Puede ayudarle a enfrentar síntomas específicos, a mejorar relaciones interpersonales a largo plazo o a resolver una crisis.

Tenía casi cincuenta años cuando inicié mi segunda soltería, y tenía mucha prisa por cambiar de estado. "Murray —le dije a un amigo— quiero conocer a una mujer. Quiero casarme y tener más hijos." Murray me contestó: "Tómatelo con calma; tienes mucho tiempo."

Ahí estaba yo, con pánico porque tenía más de cuarenta y cinco años, y allí estaba Murray, con más de sesenta, también divorciado y diciéndome que me lo tomara con calma. Cada vez que tenía una cita que resultaba desastrosa, lo llamaba para escucharle decir "Tienes mucho tiempo". Sus palabras resultaban más efectivas que un tranquilizante.

(Jerome, cincuenta y ocho años)

Las personas con empatía, aunque no tengan experiencia en áreas de salud mental, podrán darle nuevas perspectivas basadas en su propia vida, además de ayudarlo con los temas prácticos.

Crecí con la convicción de que un divorcio era lo peor que podía ocurrirle a uno. Así que ya pueden imaginar mi desesperación cuando mi esposa presentó la demanda de divorcio. Sólo dos cosas me impidieron suicidarme: el amor por mi hija y la compañía de mi amigo Stu, que atravesaba una situación similar.

A medida que el proceso de la separación avanzaba y la situación se ponía más difícil, solía pasar las tardes con Stu, hablando acerca de lo que nos ocurría a los dos y de cómo quedaríamos cuando todo acabara.

Stu iba más adelantado que yo en ese proceso y estaba ya por finalizar su divorcio, así que conté con el beneficio de su experiencia.

(Hank, cuarenta y nueve años)

Los amigos que han atravesado o atraviesan experiencias traumáticas similares, como un divorcio o la muerte del cónyuge, pueden ayudarla a comprender lo que sucede y a reducir el sentimiento de soledad. Sus amigos pueden darle apoyo. También puede unirse a los grupos de apoyo que ofrecen iglesias y organizaciones familiares.

Recuerde que necesita tiempo para curarse. Concédase dos años para recuperar la confianza en usted mismo, serenarse y sanar las heridas de su autoestima.

Es natural sentir miedo de volver a fracasar en una nueva relación. Independientemente de lo sucedido y de quién haya sido el responsable, la mayoría de la gente suele abrigar la idea de que la relación fracasó porque no hubo lo *suficiente*: no dieron lo *suficiente*, no fueron *suficientemente* cálidos, *suficientemente* espontáneos, *suficientemente* sofisticados, *suficientemente* altos, delgados, ricos... Es importante que intente separar la autocrítica razonable de la actitud excesivamente injusta o estricta con usted mismo.

Cambiar de pareja constituye una de las mayores transiciones de la vida. Es muy probable que sobrevenga una depresión.

Es normal sentir tristeza, desesperanza, irritación e incertidumbre.

Sin embargo, si esos sentimientos parecen estar "clavados" dentro de usted como si fueran a permanecer para siempre, si están acompañados de autoinculpación, autocrítica, indecisión o pensamientos de suicidio; y si experimenta signos físicos como pérdida de apetito, dificultades para dormir y falta de interés en las cosas, todo eso es más de lo que puede soportar.

Es hora de buscar ayuda profesional.

Autorrevisión

Los tiempos alocados y los terrores sagrados son irracionales. Consumen toda su energía y resultan contraproducentes. Afortunadamente, no duran para siempre. Después de sobrevivir su propio tiempo alocado y derrotar su miedo sagrado, es posible que entre en un período de autorrevisión.

Es un tiempo para la introspección, un tiempo para retirarse y analizar la relación que ha terminado. Es un tiempo para ponerse en contacto con la confusión que siente y para llorar la pérdida. Puede que se descubra reflexionando continuamente sobre el pasado y reviviendo mentalmente antiguos acontecimientos en un intento por cambiar su desarrollo. Se sentirá triste y llorará mucho. Es posible que durante un tiempo sienta la necesidad de alejarse de antiguos conocidos.

Pero, finalmente, se dará cuenta de que no puede reescribir su historia y debe dar por terminado ese capítulo de su vida. Los afilados bordes del dolor comienzan a suavizarse y puede empezar a pensar en un nuevo comienzo.

Pero aún tiene trabajo por delante antes de poder comprometerse con otra persona. Primero deberá aprender a estar solo y a vivir solo.

Estar solo(a)

Estar solo(a) es una parte importante del proceso de curación. Es un estado mental. Se trata de un tiempo para dejarse ir mentalmente, para soñar despierto y descubrir qué es lo que realmente le gustaría hacer. Es un período intensamente creativo. Puede permitirse fantasear y prestar atención a sus sueños. No puede estar solo(a) si tiene una pareja. Deberá reconocer la necesidad de estar a solas con usted mismo(a). Es un puente que deberá cruzar usted solo(a) antes de poder iniciar una nueva relación.

Los grupos de meditación, yoga y **tai chi** *pueden crear un clima que lo/la ayude a aceptar su pérdida.*

Viviendo solo(a)

Vivir solo(a) le ayudará a conectarse con sus sentimientos, sus sueños y sus deseos más íntimos. Vivir solo(a) es el aspecto práctico de sobrevivir a las demandas de la vida cotidiana. Así es como podrá llevarlo a cabo:

☞ Piense en distintas formas que le permitan sentirse a gusto, que lo/la hagan sentir cómodo(a).

☞ Establezca rituales personales.

☞ Inicie un hábito.

☞ Lea un libro, mire TV o llame a un(a) amigo(a) a una hora específica todos los días.

☞ Organice un horario para que sus actividades sean predecibles y formen parte de una rutina. Por ejemplo: puede decidir que todos los martes por la noche pedirá una deliciosa cena a domicilio, con un buen vino y un fantástico postre.

La idea es que se mime a usted mismo(a). Aprenda a disfrutar de los momentos que pasa solo(a) y a colmarse de atenciones. Después de unos meses, comenzará a adquirir el control del tiempo en que está solo(a). Comenzará a disfrutarlo y a valorar el espacio que tiene. Cuando se sienta cómodo viviendo solo(a) tendrá el poder de decir: "No quiero estar con esa persona. Puedo estar solo(a). Ya no me siento desesperadamente solo(a). No tengo que salir con la primera persona que pase por la puerta." Entonces, paradójicamente, se sentirá más libre para salir y conocer nuevas personas.

PARA REFLEXIONAR

Sentirse cómodo(a) ayuda a desarrollar el autocontrol, la competencia y la autoestima.

Rachel perdió a su esposo hace poco. Éstas son sus reflexiones:

La visión que tenía de mí misma cambió por completo cuando quedé viuda. Soy más fuerte de lo que creía. Descubrí que puedo depender de mí misma.

En los primeros momentos, uno no sabe lo que siente y está tan ocupado con el papeleo y tratando de organizarse, que no puede pensar en otra cosa. Y luego decidí que quería redecorar y estuve muy ocupada con la pintura y el alfombrado. Era un proyecto que me mantenía ocupada y que yo dirigía. Yo era el jefe. Arranqué todas las cortinas. Arranqué todas las cosas que odiaba, y era como si le dijera a mi esposo muerto: "Me hiciste mucho daño al morir, así que ahora yo te hago esto. Ya verás. Quisiste morirte; bien, ahora yo arrancaré todo." Fue una terapia maravillosa. Hace poco le dije a una viuda: "Redecora la casa."

No sé lo que haría un hombre viudo; los hombres son diferentes. Mi cuñado perdió a su esposa hace menos de un año, pero ya me ha dicho que quiere conocer a otra mujer. No creo que haya hecho mucha redecoración.

Cuando le dije que yo no deseaba conocer a ningún otro hombre, me dijo: "¿No querrás estar con alguien cuando llegues a los setenta y cinco años? ¿Qué sucederá si enfermas?" Yo le contesté: "Si enfermo, me cuidaré yo misma." Nunca hubiera dicho eso cuando mi esposo vivía. Dependía de él mucho más de lo que dependo de alguien ahora..., excepto de mí misma.

(Rachel, cincuenta y nueve años)

En resumen, usted necesita:

→ Aprender a sentirse cómodo(a) viviendo solo(a).

→ Enfrentar y derrotar sus terrores sagrados.

→ Encontrar a una persona o personas que le proporcionen apoyo emocional.

Cuando haya pasado por todas estas etapas, que generalmente duran unos dos años, tendrá un nuevo sentido de su propia identidad y de lo que puede ofrecer a una futura pareja.

Nuevos comienzos

Es usted ahora un poco más viejo(a) y ha peleado muchas batallas. Ya conoce la emoción de enamorarse de una persona que es "demasiado maravillosa para que sea de verdad". Se ha desmoronado y ha vuelto a ponerse de pie. Ahora está, por fin, preparado(a) para volver a comprometerse. Y, esta vez, ya sabe una o dos cosas sobre usted mismo(a). Conoce sus limitaciones y lo que necesita de una pareja. Sabe cuáles son sus fortalezas. Sabe lo que le gusta de usted. Esta segunda vez busca a una persona que sepa apreciar todo eso. También ha llegado a un punto de su vida en el que puede decir: "Lo que me corresponde hacer en una relación no es cambiar a mi pareja, sino disfrutar de mi tiempo con ella."

Me casé la primera vez porque admiraba la agresividad de Elle, su falta de timidez y su actitud de "a por ello". Cuando conversaba con una persona más de cinco minutos, quería saber cuánto ganaba en su trabajo y cuántas veces al día hacía el amor. Bueno, quizás estoy exagerando un poco. Pero era capaz de hacer amigos en dos minutos. Yo soy muy tímido y reservado, y me sentí atraído por esas cualidades tan opuestas, que parecían equilibrar las mías. Pero no funcionó.

Mi relación con Denise es diferente porque fui muy afortunado al conocer a una persona que aprecia mi timidez. Me deja tiempo para mí y no le importa que sea introvertido. Me ama por mis cualidades, y yo la amo por las suyas.

(Jerome, cincuenta y ocho años)

Conocí a mi actual pareja en mi edificio. Solía verlo en la cafetería y siempre estaba solo. Era un hombre muy dulce, pero pensé que no tenía mi nivel de educación y que nunca seríamos compatibles.

El día que mi madre murió, al regresar a mi apartamento dio la casualidad de que se hallaba en la entrada del edificio. Estaba allí, así que le conté lo que había ocurrido. Esa noche cenamos juntos y luego me ayudó con el apartamento de mi madre. Le gusté, y él me gustó a mí.

Comenzamos a salir con frecuencia. Es un hombre amable, cariñoso y compasivo, con un nivel emocional brillante que sabe cómo llevar adelante una relación. Yo le enseño literatura, y él me enseña cosas que nunca supe que existían.

(Suzanne, cincuenta y siete años)

Un nuevo vecino en el barrio

¿Qué sucede si a su hijo adulto no le cae nada simpático su nuevo amor? Usted ya ha decidido que su nueva pareja es una buena persona. Confíe en sus sentimientos. Enfréntese a la tormenta y apoye tanto a su hijo o hija como a su pareja. Escuche las razones de sus hijos: es importante para ellos que lo haga. Sea criterioso, pero confíe en usted mismo.

Sandy es hijo de mi primer matrimonio. Cuando volví a casarme era un adolescente. De hecho, fue el padrino de la boda. Mantiene una relación limitada con los hijos de mi segundo matrimonio. Sebastian nació cuando Sandy terminaba la escuela secundaria, y Sandy vivió con mi esposa y conmigo durante los primeros tiempos de nuestro matrimonio. Fue maravilloso.

El problema fue que, aunque Mary era muy dulce con

él, no le gustaban del todo las ideas de Sandy, que aspiraba a convertirse en estrella de *rock* y era un poco salvaje.

Mary se esforzó por ser amable y comprensiva con él, pero las cosas cambiaron cuando nació Sebastian. Mary se volvió muy protectora con el bebé y tenía miedo de que Sandy pudiera dañarlo de alguna manera. Eso hizo que Sandy se sintiera ofendido. Comenzó a discutir con Mary. Fue un período difícil. Aún seguía viviendo con nosotros, pero se quedaba cada vez más tiempo en casa de su madre. El año terminó rápidamente, y Sandy marchó a la universidad.

No sé si podríamos haber hecho las cosas de manera diferente, ni si estoy en condiciones de aconsejar a nadie. Es difícil generalizar. Hay que ser comprensivo y tener en cuenta que habrá situaciones buenas y situaciones malas, días buenos y días malos.

(Paul, sesenta años)

Es natural que sus hijos tengan cosas negativas que decir sobre su nueva pareja. Los hijos nunca son suficientemente grandes para permanecer impávidos ante los cambios. Es importante tener en cuenta que lo que es bueno para usted puede no ser bueno para su hijo adulto, y no tiene por qué serlo.

Si su hijo o hija adulto(a) comienza a quejarse de su nueva relación, tendrá que dejar en claro que para usted es importante que todos se esfuercen para que la situación resulte soportable. Su nueva pareja no está allí para reemplazar al padre o la madre de su hijo, sino para ser alguien para usted.

Primavera e invierno

A medida que los milagros de la medicina extienden nuestras vidas y nos dejamos llevar por el *boom* de la vida saludable, se vuelve cada vez más común el fenómeno de las relaciones de "primavera e invierno".* Pero, al mismo tiempo, la sociedad no se ha acostumbrado a la realidad de un hombre de sesenta y cinco años paseando un cochecito de bebé y que aclara que es el padre y no el abuelo. Es un mundo completamente nuevo y en él son pioneros nuestros amigos y vecinos, que van hacia donde ninguna pareja lo había hecho antes. Cuando llegan a los sesenta años, tienen que enviar a sus hijos al colegio, y poner en segundo plano los deseos personales. Le dan un nuevo significado al concepto de extender la carrera profesional más allá de la tradicional edad de jubilación. Le quitan valor al dogma de que la competencia y la sexualidad disminuyen con la edad. Han reconfigurado la idea de familia.

Su esposa murió en 1994 y, aunque me parecía un hombre muy inteligente y dulce, pensaba que era muy viejo para mí. Pero comenzamos a salir como amigos; ninguno de los dos tenía idea de adónde podría conducirnos aquello o qué sucedería. Nos llevábamos bien y, después de un tiempo, la edad ya no fue importante. Supongo que sigue siendo un problema para aquellos que no pueden aceptarlo.

(Beverly, cincuenta y siete)

Cuando nacieron nuestros hijos, sólo me importaba una cosa con respecto a la diferencia de edad entre Susan y yo. Cuando los miro, cuando siento lo que siento, cuando me lleno de orgullo y alegría, me da un poco de tristeza que todas estas experiencias hayan llegado tan tarde. Puede sucederme diez veces al día o sólo una, pero cuando se tiene algo que no se ha vivido durante tantos años y uno comprende que no vivirá para ver ciertas cosas, —cosas que otro padre normalmente viviría— es muy triste.

(Barry, sesenta y cuatro)

---

* En inglés, en el original, *May-December relationships*. Es una antigua expresión que se refiere a parejas formadas por un hombre de mucha más edad que su mujer. En la actualidad, se emplea también para referirse al vínculo afectivo entre una mujer bastante mayor que su pareja masculina (N. de E.).

Preguntamos por sus planes de jubilación a varias parejas que formaron una familia en la mitad de su vida; todos eran un poco melancólicos. Muchos habían planeado jubilarse y disfrutar de un período de tiempo para ellos solos, sin tener que responsabilizarse de nada más.

Los padres de mediana edad son conscientes de que deben ayudar a sus hijos en el colegio a una edad en la que pensaban estar ayudándose a sí mismos. La ventaja, por supuesto, es que experimentan gozo y una nueva juventud viendo crecer a sus hijos.

Familias no tradicionales

Las familias extendidas ya llegaron a la mayoría de edad. En la actualidad, la familia puede incluir a un excónyuge, una expareja, un nuevo compañero sentimental, su excónyuge, y un variado número de otras personas que no se relacionan ni por la sangre ni por el parentesco.

Lynne fue mi amante durante siete años. Rompimos porque yo quería tener un hijo y ella no. Tuve un niño por inseminación alternativa, y ella se enamoró de él desde el principio.

En la actualidad, ya no somos pareja, pero Lynne participa activamente como madre. Compramos juntas una casa suficientemente grande para dos familias donde vivimos en apartamentos adyacentes, y ambas criamos a mi hijo. Somos una familia normal ante los ojos del niño y de la comunidad.

Llevamos una maravillosa vida de familia. Tengo cuarenta y nueve años y ella cuarenta y seis, las dos somos dueñas de una casa y criamos juntas al niño. Comenzaremos a salir con otras personas en algún momento. Preferiría que fuera lo antes posible.

Sé que será muy difícil para todos cuando una de las dos tenga una relación con otra persona. ¿Cómo podré explicárselo a mi hijo?

(Maggie, cuarenta y nueve años)

Las leyes sancionadas para proteger a los matrimonios heterosexuales no contemplan a las parejas del mismo sexo, que necesitan tomar medidas legales específicas para proteger su relación ante la ley. Éstas incluyen consideraciones importantes, como los aspectos legales relacionados con el hecho de concebir y criar hijos, beneficios domésticos, leyes maritales del Estado, planes para emergencias médicas, compra conjunta de inmuebles, y manutención del otro en caso de muerte de uno de ellos.

Mi segunda esposa falleció ocho meses después de nuestro casamiento. Los hijos que ella tenía de su primer matrimonio vivieron conmigo durante un año y luego se mudaron nuevamente con su padre. Ahora tienen quince y diecisiete años, y yo soy como el padre divorciado que puede verlos un fin de semana por mes y un par de semanas durante el verano.

Somos muy unidos, pero la situación es extraña. El padre de los muchachos tiene una mala situación económica, y mi actual esposa y yo nos hemos convertido en el apoyo financiero de los chicos en diversas formas.

Tengo sesenta y cuatro años y mi esposa treinta y seis; tenemos dos hijos. Vamos a ayudar a mis hijastros para que puedan ir a la universidad, y he puesto el dinero del seguro de vida de su madre en un fondo para ellos, que yo administro. Pero no será suficiente, así que nos hemos comprometido a reunir el resto.

Para quien lo ve desde afuera, mi vida es una colcha de retazos* de una familia extendida y con conexiones poco comunes. Los padres de mi esposa son más jóvenes que y, y la hija de treinta y un años de mi primer matrimonio todavía me culpa por cosas en las que me equivoqué cuando tenía su edad.

Pero no cambiaría mi vida. Algunas veces, cuando llego a casa, me pongo a jugar con mis hijos y no hago nada más hasta que se van a dormir. Si luego tengo que quedarme despierto hasta tarde, al menos disfruto de la oportunidad de pasar un rato con ellos. Es absolutamente delicioso. Me serena y me ayuda a comprender que, pase lo que pase, podremos superar lo que haga falta para sobrevivir. Es una sensación maravillosa.

(Barry, sesenta y cuatro años)

Cuando se funda una nueva familia, se necesita tiempo para establecer rituales y tiempo para que todo el mundo pueda establecer vínculos afectivos. Se reúnen personas que no se conocen entre sí, cada una con sus propios valores y costumbres. Aun con la mejor de las intenciones, hace falta tiempo para mezclar las viejas tradiciones familiares con las nuevas.

Al principio, es posible que se sienta incómodo con la novedad de esta familia no tradicional. No es precisamente la idea generalizada de la antigua familia estadounidense. Pero, con paciencia, los nuevos comportamientos reemplazan a los viejos y todo puede funcionar. Es un proceso similar al período de curación de dos años del que ha-

---

* En inglés, en el original, *crazy quilt*, tipo de colcha de la época victoriana realizada con retazos de diferente clases de telas y variadas formas (N. de E.).

blamos antes. Éste es un tiempo para desarrollar nuevas normas de comportamiento, nuevas expectativas, nuevas funciones dentro de la estructura familiar, además de una tradición familiar totalmente nueva.

En un momento dado, todo se soluciona, y uno comprende que tiene una familia con una tradición absolutamente única.

Saga de un día de la Madre

Cuando Judith se casó con Steve, ya sabía que el arreglo de tenencia compartida con su exesposa, Ronnie, podría resultar problemático. Sin embargo, todo parecía estar bajo control hasta el primer día de la Madre, cuando nadie supo muy bien qué hacer.

Steve, nerviosamente, sugirió que se reunieran todos para ir a almorzar a un restaurante de la ciudad. Las esposas estaban tan ansiosas por comportarse cortés y civilizadamente, que ignoraron a la niña por completo, hasta que ésta se echó a llorar y preguntó si había hecho algo malo.

Al año siguiente, Steve intentó hacer mejor las cosas. Fue a almorzar con su hija y con Judith, y salió a cenar con su hija y con Ronnie. A la niña le encantó, pero comió demasiado pastel con helado y tuvo vómitos. Steve tuvo una terrible acidez estomacal y pensó que estaba sufriendo un ataque cardíaco. El día no resultó mejor esta vez.

El tercer año, volvieron a salir todos juntos en grupo a comer a un restaurante, pero esta vez casi terminaron en una "guerra de comida", porque las madres tuvieron una terrible discusión acerca del campamento de verano.

Finalmente, Judith admitió que el día de la Madre le producía pesadillas. Steve decidió que cada mujer se merecía un día especial. Así que designó el segundo domingo de mayo como día de la Madre biológica y el segundo domingo de junio como el día de la Madre adoptiva. El arreglo se convirtió en una tradición.

En la actualidad, su hija adulta continúa trayendo a su novio a casa para ambas celebraciones. Las esposas se sienten tan cómodas con el arreglo, que la familia extendida completa se reúne para celebrar ambos acontecimientos.

Capítulo 7

Amor, sexo, y toda esa historia

C uando éramos jóvenes, el sexo era un recurso natural renovable. Formamos parte de la revolución sexual más importante desde el Informe Kinsey.* La píldora destruyó nuestros raídos restos de sensibilidad puritana y abrió las compuertas hacia la libertad sexual. Las costumbres sociales quedaron patas para arriba. Los jóvenes..., bueno, seguían siendo jóvenes. Pero ahora podían tener tanto sexo como quisieran..., y del modo en que quisieran.

Las jóvenes podían ser audaces. De pronto, eran libres para explorar su sexualidad sin tener que preocuparse por quedar embarazadas.

Fue un tiempo escandaloso. Desaparecieron las normas, se dispararon las apuestas y quedamos a nuestra merced para adivinar qué teníamos que hacer en un nuevo mundo loco. Llevábamos el cabello largo y las faldas cortas. Usábamos barba, pantalones acampanados, éramos hedonistas y estábamos totalmente preparados para la aventura.

---

* Referencia al estudio sobre la conducta sexual humana realizado durante varios años por Alfred Kinsey y publicado en 1948 con el título *Sexual Behavior in the Human Male* (Comportamiento sexual del varón), que junto con otro libro, *Sexual Behavior in the Human Female* (Comportamiento sexual de la mujer, 1953), resultó muy controvertido en su momento (N. de E.).

Pero nos despertamos una mañana y descubrimos que el dicho "Tú te ocupas de tus asuntos y yo de los míos" ya no era el mantra de moda. Las canciones como "California somnolienta" habían dejado paso a la responsabilidad y a la obligación. Estábamos sobrecargados de trabajo, tensos y agotados. Parecía que la revolución económica global, con su énfasis sobre las fusiones y la acumulación de riquezas, le había ganado finalmente a la revolución sexual y su disfrute relajado del momento.

Y, sin embargo..., el atractivo de la dulce sexualidad continúa dejando oír su canto de sirena. Y eso está muy bien. A pesar del cambio de perspectiva y de las múltiples responsabilidades, el amor sexual sigue siendo una de las mejores y más vitales experiencias humanas.

Sea cual fuere su estilo de vida, por favor,
no olvide practicar sexo seguro.

PARA REFLEXIONAR

La cama es la ópera del pobre.

Dicho italiano

Los autores no podemos ofrecer consejos sobre condiciones médicas que requieren un tratamiento profesional. Nuestra meta es, simplemente, tratar algunos de los temas más comunes que surgen en nuestra vida y que nos impiden disfrutar del derecho de nacimiento como seres sexuales. Los hombres que experimenten situaciones de impotencia deben tratar el tema con su médico. Las mujeres que ya han llegado a la menopausia pueden experimentar sequedad vaginal; también deben consultar con su médico y considerar el uso de un lubricante vaginal.

Nuestros amigos y colegas han sido extraordinariamente abiertos sobre un gran número de temas. No les hemos pedido que comenten detalles de su vida sexual pero, a lo largo de muchos meses y en discusiones tan casuales como intensas, han ido surgiendo muchos aspectos.

 Todos se quejan de falta de tiempo. Parece que las parejas de mediana edad no disponen de tiempo suficiente para aprovechar su impulso sexual. Ya no tenemos tiempo para el romance y los juegos previos, ni para las intrigas excitantes. Nuestras hormonas adolescentes han dejado de gritar, así que ya no tenemos los mismos imperativos biológicos. En una palabra, hemos crecido y, al hacerlo, muchos de nosotros hemos tenido que poner el sexo en segundo lugar. Necesitamos ganar dinero, criar una familia, competir y ser exitosos, obtener una jubilación segura y prepararnos para una satisfactoria vejez. El sexo pasó a ocupar un segundo tiempo y lugar en nuestras vidas, y perdió su mística y su espontaneidad.

Gloria y yo solíamos hacer el amor. Ahora, lo único que hacemos es dinero. Es gracioso, ¿verdad? Somos una máquina económica. Durante los últimos cinco años hemos duplicado nuestros ingresos. Nos va muy bien. Tenemos una casa. Nuestros hijos van a la universidad. Ella tiene una exitosa carrera como publicista, y podemos permitirnos todos los lujos que siempre hemos querido. Pero me siento cansado y ella se siente cansada. Todos estamos cansados.

(Calvin, cuarenta y cinco)

Mucha gente se queja de que cae en el hábito de tener sexo siempre en el mismo día y de que carece de espontaneidad. Describe sus experiencias sexuales como "predecibles". Creemos que este problema es otro ejemplo de la falta de tiempo. Estamos tan sobreprogramados, que todo resulta calculado, incluso cuando hacemos el amor. El sexo se vuelve apresurado y agitado, una pequeña parte de un enorme plan económico.

 Las mujeres de mediana edad se quejan de que sus parejas ya no parecen sentirse atraídos por ellas como antes. Les preocupa no ser tan atractivas como cuando eran jóvenes.

Cuando era joven, me consideraba una mujer atractiva. No era una belleza, pero tenía una buena figura, y los hombres siempre me seguían con la mirada. Cuando John y yo nos casamos, tuvimos una muy buena vida sexual durante unos cuantos años. Había momentos en los que no nos comunicábamos bien, o yo no me sentía dispuesta, o él se mostraba poco sensible, o los niños se entrometían; discutíamos por todo eso, pero en general nuestra vida sexual era muy satisfactoria. Ahora que tenemos más de cuarenta años, las cosas son un poco más complicadas. No puedo evitar sentir que John ya no me encuentra atractiva.

Cuando se lo pregunto, lo niega o trata de cambiar de tema. Ya no está tan interesado en el sexo como antes. O no se siente de humor, o está cansado, o tiene la mente en otras cosas. He comenzado a observarlo con ojo crítico y..., bueno, está comenzando a perder pelo y a echar barriga.

(Harriet, cuarenta y seis años)

... y los hombres se preocupan por su virilidad

Cuando era joven (a los veinte y a los treinta años), todo resultaba muy sencillo. Cuando era soltero debo haber dormido con más de cuatrocientas mujeres. Parece sorprendente, pero, en retrospectiva, era muy divertido. Ahora estoy casado, y supongo que todo lo que va, vuelve. Mi esposa y yo tenemos una buena vida sexual, pero ya no es lo mismo. Necesito que me ayude para comenzar, y no era así cuando era más joven. Resulta vergonzoso.

(Mark, cuarenta y seis)

PARA REFLEXIONAR

Los hombres hacen el amor con más intensidad a los veinte años, pero lo hacen mejor a los treinta.

Catalina la Grande

El teatro sexual del absurdo

Al llegar a la madurez, estamos en el momento propicio para las dificultades con la comunicación y, sorprendentemente, una dosis de ingenuidad. Cuando los hombres llegaban al final de la adolescencia o tenían veinte años, podían mantener relaciones sexuales casuales, sin sufrir problemas para lograr una erección o eyacular. Las jóvenes, por otra parte, necesitaban tiempo para excitarse; algo que sus parejas casi nunca apreciaban.

Ahora, en la mitad de la vida, el hombre se enfrenta a un período de gran tensión, porque ya no responde como un piloto automático. Es posible que necesite más tiempo para excitarse y mantener una erección. Por lo tanto, puede que le preocupe pensar cómo saldrá todo. ¿Conseguirá una erección? ¿Durante cuánto tiempo podrá mantenerla? ¿Qué necesita para lograr una erección?

Un hombre puede sentirse avergonzado de admitir ante su pareja que está cambiando. Es posible que compare su sexualidad con el tiempo de respuesta que tenía a los dieciséis y que piense que "está perdiendo su virilidad". Puede resultar muy deprimente y es posible que agobie a su pareja con la falsa creencia de que no ha logrado mantenerlo joven y viril. Este cambio en su respuesta puede provocar una gran ansiedad e inhibirlo aún más.

El hombre debe aceptar que su excitación y su funcionamiento sexual dependen más que nunca de la estimulación sexual y el vínculo con su pareja. La fantasía por sí sola no siempre dará resultado.

La mujer, por su parte, puede internalizar todos esos sentimientos y comenzar a sentirse poco atractiva sexualmente y a considerar la falta de respuesta inmediata de su compañero como un rechazo. Es posible que interprete su ansiedad como un comentario sobre su sexualidad y sobre su atractivo físico. Debido a la falta de comprensión por ambas partes, surge el enojo, y todos se sienten infelices y sexualmente frustrados.

Y, sin embargo, el período de la mediana edad ofrece un gran potencial para revigorizar la vida sexual. Existe una nueva igualdad entre los sexos, y los hombres y las mujeres pueden finalmente entrar en sintonía sexual.

En realidad, es posible que las mujeres descubran que guían a sus parejas mucho más de lo que lo hacían cuando eran jóvenes y que disfrutan del sexo mucho más que cuando era él quien marcaba el ritmo.

Diversos factores influyen en el deseo sexual de una mujer heterosexual de mediana edad. A una mujer puede llevarle años sentirse cómoda con su sexualidad. Es posible que la haya enterrado debajo de una montaña de responsabilidades y obligaciones familiares. Puede deberse a que su pareja era insensible o simplemente ignoraba la sexualidad femenina, y a que ella sentía timidez o vergüenza para plantear sus necesidades.

Quizás temía un embarazo no deseado. O el lugar donde vivía ofrecía poca privacidad y le preocupaba que los niños oyeran ruidos o entraran de improviso en la habitación. Dado que la sexualidad femenina requiere un proceso lento para alcanzar el orgasmo, quizás haya privilegiado la satisfacción sexual de su pareja y descuidado la suya propia.

Luego, entra en este período de la vida. Sus hijos han crecido, su pareja ya no está sexualmente tan activa como antes, y ella comienza a atravesar la menopausia. Las cosas parecen estar cabeza abajo. No hablaremos aquí de la menopausia; sólo diremos que en la actualidad existen muchas maneras para minimizar en las mujeres los efectos de la disminución de estrógeno. Si usted cree que ya ha comenzado a entrar en la menopausia, visite a su ginecólogo.

Además de los cambios físicos, también la mujer sufre cambios emocionales cuando sus hijos ya no viven en casa. Es posible que tenga una relación de gran unión, amor y apoyo con cada uno de sus hijos pero, cuando se van de casa, la madre ya no es responsable de ellos en la vida cotidiana. Su hogar se vuelve verdaderamente un sitio privado.

La mujer de mediana edad siente menos temor frente al sexo. Es más madura, más sofisticada y más sabia que cuando era joven. También es más creativa. Es más probable que le diga a su pareja qué es lo que le produce placer y que escuche sus fantasías sexuales con una mente abierta. Es más libre para ser curiosa, creativa y más experimental que cuando sus hijos dormían en la habitación de al lado.

Es posible que, incluso, cuente con unos ingresos más acomodados que le permitan comprarse lencería *sexy* o planear un fin de semana romántico.

Podemos demoler el mito de que los cuarenta años marcan el final del amor sexual, aceptando que nuestros cuerpos cambian y aprovechando el glorioso placer sensual que la vida tiene para ofrecernos.

Como muchas de las otras cosas que suceden a mitad de la vida, las vidas sexuales de hombres y mujeres experimentan transiciones esenciales. Creemos que, en este período, las parejas tienen el potencial para una renovación de la vida sexual y de los placeres sensuales renovados.

Si se siente abrumado por dudas de índole sexual, y su médico ya ha descartado una enfermedad física, usted y su pareja podrían pensar en una consulta con un sexólogo acreditado.

Algunas sugerencias fantásticas, atrevidas, totalmente insensatas y desenfadadamente románticas, presentadas con todo respeto para su consideración

Hacer tiempo

Desprograme los momentos para hacer el amor

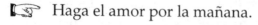

☞ Haga el amor por la mañana.

☞ Organice una cita para un tranquilo encuentro a mediodía.

☞ Dedique algo de tiempo a los juegos previos antes de salir a cenar, para sentirse excitado y de buen humor para la atracción principal al volver a casa.

☞ Si tiene el ambiente adecuado, invite a su pareja a su oficina a la hora del almuerzo o fuera del horario de trabajo. Cierre con llave la puerta. Dígale a su secretaria que no le pase ninguna llamada. Haga el amor sobre el escritorio, el suelo, el sofá. (Asegúrese de que el personal de limpieza no interrumpa.)

PARA REFLEXIONAR

No importa lo que haga en el dormitorio, siempre que no lo haga en la calle y asuste a los caballos.

Sra. de Patrick Campbell

Crear un interludio secreto

Reúnase con su pareja en el vestíbulo del hotel y reserve una habitación para una tarde de placer no convencional.

☿ Instrucciones para los hombres: lleve gafas de sol oscuras. Coloque una botella de champán y dos copas dentro de su maletín. No olvide aceites aromáticos para hacerle un masaje a su pareja con ellos.

☿ Instrucciones para las mujeres: enfúndese en un impermeable; debajo vista lencería *sexy*... o nada en absoluto. Sorprenda a su pareja. Lleve peluca y gafas oscuras.

Tenga un encuentro sexual breve

☞ Acaríciense en el ascensor.

☞ Besuquéense en las escaleras.

☞ Excítense en un automóvil.

☞ Toquetéense uno al otro mientras ven una película en el cine.

☞ Si puede permitirse el gasto, alquile una limusina por un par de horas y pida que lo conduzcan hacia ninguna parte en especial. Dele al conductor algo de qué hablar.

☞ Cancele una reunión de negocios y en lugar de eso vuelva a casa para hacer el amor.

Para reflexionar

Uno recibe placer en el acto de dar placer al otro.

Anónimo

Redescubrir los juegos sexuales

Diga a todo el mundo que estará fuera de la ciudad el fin de semana. Y luego...

☞ Cree un ambiente *sexy* en su dormitorio. Utilice incienso, velas, sábanas de seda, luces tenues, música para crear un clima diferente. Desconecte el teléfono y la TV. Esconda las montañas de trabajo pendiente en un rincón o en su escritorio.

☞ Alquile una vieja película romántica para estar en vena.

☞ Alquile un par de películas de clase X para ponerse en clima.

☞ Compre comida especial para la ocasión; para algunos será ostras y champán; para otros, mangos y papayas; y, para otros, no hay nada como pizza y cerveza.

☞ Algunos restaurantes entregan en el domicilio el desayuno del domingo para disfrutarlo en la cama. Pídalo con anticipación.

☞ Pase el fin de semana en la cama, bromeando y disfrutando con su pareja.

☞ No olvide tener una reserva de aceites para el cuerpo, películas, libros, material erótico y cualquier otra cosa que los haga felices a usted y a su pareja.

Mire una película erótica con la ropa puesta

No se toquen y no se desvistan. Cuando haya terminado, desvístanse uno al otro.

Jueguen *scrabble*

Cuando uno logre puntos, también puede obtener un favor erótico a su elección. El objetivo es terminar el juego sin haber tenido un orgasmo. Reserve eso para la fiesta posterior.

Túrnense para leerle algo al otro..., y no nos referimos a la sección económica del periódico

Una lista idiosincrásica de lecturas eróticas:

- *Trópico de Cáncer* y *Sexus*, de Henry Miller (o cualquier libro de Henry Miller...).

- *El libro negro*, de Lawrence Durrell.

- *Como agua para chocolate*, de Laura Esquivel.

- *Delta de Venus*, de Anais Nin.

- *La Venus de papel*, Mempo Giardinelli y Graciela Gliemmo (compiladores).

- *Miedo a volar*, de Erica Jong.

- *Pleasures* (Placeres), de Lonnie Barbach.

Para reflexionar

Deja correr mis manos vagabundas
delante, detrás, en medio, arriba, debajo.

John Donne, *To his Mistress Going to Bed*

Reírse puede ser sexy

☞   Dúchense juntos y enjabónense uno al otro *con mucha lentitud* (quizás sea mejor usar jabón para bebés; las marcas comerciales pueden irritar los tejidos delicados).

☞ Jueguen a una lucha con pistolas de agua vistiendo sólo ropa interior o camisetas. Resulta un lío, pero muy divertido, y es *sexy*.

☞ Pasen la tarde en un *sex shop*. ¡Vayan de incógnito! Usen gafas oscuras, pelucas, incluso bigote y barba falsos. Ambos se verán absolutamente graciosos, se divertirán mucho y, salvo que lleven un cartel con su nombre, nadie sabrá quiénes son.

☞ Las mujeres pueden depilarse la zona púbica para cambiar su aspecto.

☞ Los hombres pueden vestir un suspensorio al ir a la cama.

☞ Simulen haber sido contratados para complacer sexualmente a su pareja. Usted no sabe qué es lo que le gusta o qué desea. Necesita averiguarlo y actuar en consecuencia.

☞ Realicen un *strip-tease* para el otro.

☞ Hagan el amor delante de un espejo.

☞ Escríbanse un nota *sexy* y excitante por correo electrónico.

☞ Compren juguetes sexuales para el otro.

PARA REFLEXIONAR

Si Dios quisiera que no nos masturbáramos, habría hecho más cortos nuestros brazos.

George Carlin

Lo que los autores de un capítulo dedicado al sexo que se precien pueden tener la oportunidad de transmitirle es algo que ya sabe: la masturbación es buena para usted.

☞ Mastúrbese para prepararse.

☞ Mastúrbese cuando quiera tener una saludable fantasía.

☞ No es algo sólo para adolescentes; nunca lo fue.

☞ Disfrute de usted mismo(a).

Volviendo a lo esencial

Alguien hizo el comentario de que nos sentimos excitados por los extraños, precisamente porque no los conocemos.

Pero la verdad, sin embargo, es que cada uno de nosotros tiene miles de facetas sexuales. Somos fascinantes, inescrutables y estamos envueltos de misterio. Sólo hemos sido saboteados por las tensiones y la rutina de nuestras vidas. Necesitamos volver a aprender nuevas maneras de revelarnos ante nuestra pareja.

Cada integrante de una pareja puede ayudar al otro a embarcarse en un excitante y erótico viaje de descubrimiento. La íntima exposición sexual frente a una pareja en quien confiamos puede resultar más explosiva y liberadora que todo lo que hemos experimentado en los últimos veinticinco años de nuestra vida.

Ayer, hoy y mañana

Judith nunca bailará con Fred Astaire

Cuando tenía nueve años, solía enfundarse en una bata de baño rosa y se convertía en Ginger Rogers. Entonces daba vueltas e improvisaba y perdía la conciencia. Su familia rebosaba de orgullo y aplaudía. Fred estaba presente en espíritu, pero todos sabían que, con el tiempo, su talento la catapultaría a los brazos y los corazones del pueblo estadounidense.

Y adivinen qué: Fred está muerto, y Judith es una mujer de cincuenta y cuatro años con problemas en las rodillas.

En la mediana edad nos convertimos en personas formadas por partes iguales de recuerdos, placeres y remordimientos. El orgullo por los logros de nuestra vida se mezcla con la pena por aquellas cosas que nunca podremos tener y por alturas a las que nunca llegaremos.

Cuando usted era niño, ¿quería convertirse en artista de circo? ¿O en presidente de un banco? ¿O en madre? ¿O en escritor? ¿O en todo lo antes mencionado? ¿Pudo cumplir sus sueños, o éstos se vieron pospuestos indefinidamente, siempre a la espera del momento adecuado, hasta que se convirtieron en un recuerdo?

Steve quería llegar a ser técnico de radares y rastrear aviones, hasta que su consejero vocacional le sugirió que probara con la mecánica para automóviles. Hoy en día, en lugar de mantener aviones en su ruta, el trabajo de Steve le permite proporcionar a la gente la brújula emocional para conducir sus vidas.

¿Podemos volver a tomar el camino que abandonamos años atrás? ¿Es posible reconocerlo y, con la perspectiva que dan los años, volver a recorrerlo, aunque de manera diferente?

Hay ciertos caminos que no pueden volver a descubrirse. La virginidad se pierde sólo una vez. Sólo se dispone de una efímera temporada para disfrutar de una primavera en París a los dieciséis años. Las decisiones se toman de una cierta manera, y la vida se vive de muy peculiares modos. Y algunos sueños resultan maravillosos precisamente porque nunca pueden hacerse realidad. Viven en el lugar donde pertenecen: nuestras gloriosas fantasías.

Las fantasías de los autores

Soñamos con abrir un restaurante. Serviremos una sopa deliciosa y pan casero. Y, a cambio, disfrutaremos de los eternos placeres de la amistad. Una especie de *Cheers** sin cerveza, una actualización de la parábola de los panes y los peces. Nuestra sopera nunca estará vacía ni nuestro horno apagado.

Pero no nos visiten todavía, porque ninguno de nosotros ha trabajado nunca en un restaurante. Ni un solo día. Tam-

---

* *Cheers*: Referencia a una famosa serie de la televisión estadounidense de principios de los ochenta que transcurría en un bar, protagonizada por Ted Danson (N. de E.).

poco tenemos la intención de hacernos cargo del intenso y agotador trabajo que entraña dirigir un restaurante. Y, en caso de que alguno se lo esté preguntando, ninguno de nosotros sabe hornear pan.

Sin embargo, esa realidad no impide que Steve, de vez en cuando, levante la vista del periódico y diga con voz soñadora: "¿Sabes qué es lo que realmente me gustaría hacer...?"

Debemos reconocernos el mérito por las luchas en las que nos involucramos y no subestimar el valor de la tarea. En algunos momentos, nuestro trabajo en la vida es soñar. En otros, comenzamos a conducir nuestros sueños de modo que puedan convertirse en parte del mundo real y de la vida que hemos elegido. También existen períodos en los que trabajamos sobre la decisión que hemos tomado, luchamos para enfrentarnos al desafío, para estar a su altura, por vencer nuestros miedos. Aceptamos como normal el conflicto de un joven de dieciocho años que duda entre ir a la universidad o alistarse en el ejército, o tomarse un año sabático y vivir una maravillosa aventura. ¿Por qué desestimamos nuestros propios sueños?

Existen muchas razones por las que la gente cambia la dirección de sus vidas al llegar a la mediana edad: personales, financieras, circunstanciales. Algunas de las personas con las que hablamos parecían estar hechas de pura certeza. Nacieron sabiendo lo que querían de la vida y siguieron sus sueños. Para muchos otros, sin embargo, la vida ha sido una serie de obligaciones, desilusiones y reevaluaciones. La mitad de la vida es el momento en que podemos volver a analizar la dirección que hemos seguido. El mundo ha cambiado desde que éramos jóvenes, y nosotros también. La mitad de la vida es el momento de reafirmar quiénes somos y qué es lo que queremos ser en los siguientes treinta y cinco años.

Les preguntamos a nuestros amigos qué esperaban de la vida cuando eran niños y qué desean ahora, y nos sorprendimos con muchas de las respuestas. La gente que creíamos conocer nos reveló maravillosos aspectos nuevos de su personalidad.

Michele:

Quería ser abogada, pero mis padres (especialmente mi madre) me alentaron para que me convirtiera en maestra. Pensaban que era la mejor elección para una joven. Si algún día quedaba viuda, podría mantenerme con mi trabajo.

No sé lo que haré después de jubilarme. He pensado en miles de posibilidades, desde abrir una librería hasta iniciar una empresa consultora o realizar estudios de posgrado en historia. Siento que he pasado toda mi vida en la escuela. Me gustaría hacer algo diferente.

Peter:

Cuando era niño, quería ser bombero. Luego, cuando tenía unos quince años, las cosas se complicaron porque, debido a mi prestigio académico y según mi familia, tenía que elegir una carrera universitaria. Si pudiera volver a elegir, me convertiría en bombero..., al menos por un tiempo.

Planeo trasladarme a Guatemala en un futuro próximo. Aunque estoy considerando la posibilidad de emplear mis conocimientos como psicólogo y mis habilidades empresariales para trabajar como voluntario en Guatemala, quiero explorar otras posibilidades como, por ejemplo, abrir un negocio. Pero haga lo que haga, en Guatemala o en otro lugar, será algo creativo. No sentía ninguna pasión por la carrera que elegí. ¿Si tengo algún plan para lograr mis objetivos? Bueno, el primer paso es hacer algo que he querido durante los últimos veinte años y que tiene que ver con sumergirme en una cultura completamente diferente. Y mientras esté allí, quizás durante un año, mirar a mi alrededor y descubrir si hay algo en lo que creo que me gustaría invertir tiempo y energía en los años venideros.

Beverly:

Una cosa que siempre me ha apasionado es el arte. Probablemente se deba a que solía pintar con mi madre cuando era niña. Quería ser artista cuando fuera mayor, pero cuando llegué a la adolescencia también quería tener hijos; y aunque nunca me convertí en madre, me dediqué a la docencia.

Pero ahora siento que tengo otras necesidades. Continuaré con la enseñanza en un nuevo ambiente cuando comience a dar clases para adultos. Pero también quiero explorar esas partes de mi personalidad que hice a un lado cuando me dedicaba a la enseñanza porque no tenía mucho tiempo para mí.

Me gustaría estudiar arte y volver a pintar. Siempre he querido continuar los estudios de música que comencé de niña. Y también me gustaría escribir. Creo que lo que quiero es volver a tomar contacto con mi parte creativa.

Natalie:

Cuando niña, lo único que quería era ser carnicera. Me parecía divertido. Creo que lo que se esperaba de mí era que me casara y tuviera hijos, pero más allá de eso sólo existían los trabajos administrativos; las mujeres que conocía no aspiraban a otra cosa que a convertirse en secretarias.

Lo que realmente quisiera hacer es retomar lo que estaba haciendo antes de dedicarme a lo que hago ahora: deseo volver a escribir.

Luego de terminar la universidad, decidí que quería ser escritora y me dediqué a ello inmediatamente; mi primera novela se publicó en 1983. Esa novela fue nominada como una de las mejores del año por el American Book Reward. *Entonces me dije: "Muy bien, continuaré con esto", y comencé un segundo libro que trataba sobre psiquiatría. Pero entonces falleció mi esposo y, como necesitaba mantenerme, acepté el trabajo que tengo actualmente. Pero estoy lista para volver. Mis hijos ya han terminado la universidad, y estoy preparada para volver a dedicar mi tiempo completo a escribir.*

Anita:

Espero poder continuar con lo que hago ahora durante muchos años más. Quiero permanecer profesionalmente activa, viajar y disfrutar de la compañía de los buenos amigos que he hecho a lo largo de los años.

Howie:

Siempre quise cambiar el mundo. Mi plan era ahorrar dinero para poder comprar un pequeño avión. Cuando era un niño, Italia estaba en guerra con Trieste. Mi fantasía era poder cargar mi avión con comida y chocolates, y arrojarlos sobre Trieste para que los niños tuvieran qué comer. Cuando me hice mayor, quise enrolarme en los Cuerpos de Paz, pero terminé trabajando en el negocio de mi padre. Las cosas han ido muy bien, y estoy preparado para venderlo y jubilarme. Creo que entonces podré hacer, finalmente, lo que he querido: unirme a los Cuerpos de Paz.

Patricia:

Cuando estaba en la universidad, mi familia suponía que me casaría y que nunca tendría que trabajar. Pensaban que me convertiría en un ama de casa tradicional y que quizás dedicaría un poco de tiempo libre a pintar, ya que siempre había tenido una veta artística. Estuve casada durante poco tiempo y, después del divorcio, mi padre me contrató para trabajar en su empresa. Me gané los ascensos, y a pesar de que ser la hija del jefe me facilitó las cosas en un comienzo, trabajé duro para conseguirlo.

Desde que mi padre vendió su negocio, he intentado encontrar el trabajo que me haga feliz. Comencé a trabajar recientemente en una galería de arte y verdaderamente me encanta. Mi idea es anotarme en unos cursos de crítica de arte para poder avanzar en mi carrera. Espero que en los años venideros pueda ser reconocida como una profesional de las artes.

Esther:

Quiero seguir por el camino que elegí años atrás: desarrollar mi trabajo, mi relación con mi hija, con mi pareja, con mi mente y con mi personalidad.

Maggie:

Siempre he querido convertirme en escritora. Recuerdo cuando escribí mi primer libro. Tenía ocho años y me regalaron una libretita, de esas minúsculas con espiral. Y pensé: "Esto es maravilloso: voy a escribir un libro." Recuerdo cuando me dispuse a comenzar y me enfrenté a la pregunta número uno: ¿Escribo mi propia historia o tomo prestada la historia de otro? En aquel momento, opté por utilizar la historia de otra persona.

Ahora tengo casi cincuenta años. Estoy trabajando en mi cuarta novela; nunca terminé las tres novelas anteriores. Pero sentí la imperiosa certeza de que no podía cumplir cincuenta años sin escribir un libro al que le dedicara toda mis fuerzas y que expresara a conciencia mi visión de la vida.

Y ahora han aceptado la novela como tesis en un programa de maestría de escritura creativa en la Universidad Estatal de San Francisco, y la estoy perfeccionando para poder enviarla antes de cumplir los cincuenta. Necesito sentirme cómoda con esa edad, con la tranquilidad de que mantuve la fe en mí misma.

Una amiga que vive en una comunidad junto al mar nos cuenta que, durante el invierno, la bahía suele helarse y se convierte en una lámina de hielo. Pero, durante la noche, puede oír cómo se queja el agua debajo del hielo mientras intenta abrirse paso hacia la superficie. Por la mañana, la bahía aparece fragmentada como un gigantesco rompecabezas. Ésa es su metáfora para la vida después de los cincuenta: una vida que intenta mantenerse plácida pero que, sin embargo, se agita con emociones y deseos que se abren paso hasta la superficie. Es una metáfora que nos hemos tomado a pecho.

La mitad de la vida es un tiempo turbulento, confuso y maravilloso, caótico y cargado de miedos; pero, al mismo tiempo, extrañamente vivificante. Hemos querido compartir nuestras observaciones y nuestras historias de cómo avanzamos con nuestras propias dudas.

La puerta que creíamos cerrada para siempre está comenzando a resquebrajarse, y si miramos a través de las hendiduras, podemos adivinar vagamente cómo será el futuro. Por lo tanto, nos despedimos con la palabra más optimista que conocemos: Mañana.

Ejercicio 1

1. Haga una lista con cinco experiencias de vida que lo han ayudado a ser la persona que es en la actualidad.

2. Haga una lista con cinco elecciones de vida que hayan resultado fundamentales para convertirlo en la persona que es en la actualidad. (Está bien si los puntos 1 y 2 coinciden; está bien si no lo hacen.)

3. Haga una lista de sus "caminos no tomados" personales; anote tantos como pueda.

4. ¿Todavía se siente atraído por alguno de esos caminos (o por todos ellos)?

5. ¿Prefiere que su "camino no tomado" permanezca en el reino de las gloriosas fantasías?

6. ¿Es su "camino no tomado" una aventura potencialmente realizable? ¿Todavía se siente atraído(a) por él?

7. Si no es realizable, pero todavía lo / la obsesiona, ¿hay algo que pueda hacer para llevarlo a cabo?

Ejercicio 2

1. ¿Cuál era su meta o fantasía de vida cuando era adolescente?

2. ¿Qué le gustaría recuperar de aquellos sueños?

3. ¿Cuáles eran sus metas o fantasías de vida a los treinta años?

4. ¿Y a los cuarenta?

5. ¿Cuál es su fantasía para los siguientes treinta años de su vida?

6. ¿Qué necesita para llevar a cabo ese sueño?

Índice

Agradecimientos 7

Cómo utilizar este libro 9

Introducción 11

Capítulo 1.
El nido vacío 13

Capítulo 2.
El nuevo mundo laboral 35

Capítulo 3.
Hacer ejercicio: una rutina para toda la vida 59

Capítulo 4.
Nuestros padres envejecen 85

Capítulo 5.
La taza de hojalata: hablemos de dinero 117

Capítulo 6.
Cambio de pareja 141

Capítulo 7.
Amor, sexo, y toda esa historia 165

Epílogo.
Ayer, hoy y mañana 179